배가 항구에 있을 때 가장 안전하지만
그것이 존재의 이유는 아니다.

72년생

김현성의 물음

72년생 김현성의 물음

김현성 지음

amStory
All about Making Story

추천사

현성 씨는 언제나 새로운 생각을 갖고, "다 그래"라는 관행에 맞서던 제 동료입니다. 기업과 지방정부에서 시민들의 힘든 일상에 말로 위로를 전하려 했던 커뮤니케이션 전문가로 역할을 했습니다. 제게는 트위터와 같은 SNS의 세계를 활짝 열어줬던 선생이었습니다. 아울러 서울시의 글로벌 디지털 수도 마스터 플랜 수립, 디지털 시장실 구축, 인포그래피를 통한 실시간 재정시계 제작 등에는 현성 씨의 땀이 녹아 있습니다. 공공커뮤니케이션이 어떻게 시민과 사회를 연결할 수 있는지, 소통이 어떻게 혁신과 연결될 수 있는지, 대한민국의 불평등과 불공정이 어떻게 말과 글의 불균형과 연결되는지 궁금한 시민들께 일독을 권합니다. 우리 함께 연결되어 "다 그래"를 바꿔봅시다.

박원순 | 서울시장

김현성. 그의 물음은 늘 시대의 고민과 지향에 한발 앞서 존재했다. 그런데 최근 물음의 방식이 변화한 듯하다. 행동과 실행, 실천으로 말이다. 불균형한 말과 글로 말미암은 불평등과 불공정의 시대를 타파하기 위한 'Doing의 길'. 그 족적 역시 다를 거라 믿는다. 그는 진정한 소통가이자 탁월한 혁신가이기 때문이다. 그의 길을 감히 규정하자면 '행동이 수반된 물음의 정치'라 할 수 있겠다. 분명 그는 물음표와 함께 국민 속에서 답을 찾는 사람이 될 것이다. 이 책이 증명한다. 일독해 주시길. 그리고 그와 길벗이 되어주시길.

이재명 | 성남시장

IT 기술의 비약적 발전에 힘입은 '디지털 혁명'이 하루가 다르게 우리의 삶을 변화시키고 있다. 기술 변화를 성장의 계기로 삼고자 하는 사람들의 이야기는 곳곳에 넘쳐난다. 『72년생 김현성의 물음』은 그 중에서도 '디지털 기술을 활용해 사회문제를 해결할 수는 없을까?' 하는 질문을 던지고 그 답을 찾고자 하는 여정을 담고 있다. 이 책이 더욱 신선하게 다가오는 이유는 저자가 박원순 서울시장의 '디지털 보좌관'으로서 디지털 사회혁신을 주창해 온 김현성 민주연구원 부원장이라는 점이다. "같은 방법을 되풀이하면서 다른 결과를 바라는 것은 어리석은 일"이라는 말처럼 새로운 세상을 위해서는 이제 지금까지와는 전혀 다른 새로운 방법이 필요하다. 저자의 남다른 혁신과 도전 이야기는 바로 그 새로운 방법에 대한 색다른 통찰을 제시해 줄 것이다.

김봉진 | 배달의민족 창업자, (주)우아한형제들 CEO

내 친구 배우 장현성과 같은 이름을 갖고 있어서 김현성 부원장은 쉽게 잊히지 않았다. 박원순 시장님과 만났을 때 홍금보를 닮은 것도 같고 곽도원을 닮은 것도 같은 덩치 큰 사람이 가끔씩 거드는 말들이 귀에 담겼다. 그렇게 김현성 부원장과 인연이 시작됐다. 보좌관직을 그만두고 종편에 가끔 나오는 모습을 보면서 반가웠다. 살아온 삶으로 증거하지 못한 말과 글은 거짓말이기에 본인 스스로 하는 말과 글을 증거하기 위해서 살아 온 삶을 정리했다는 그의 솔직한 출판의도가 김현성 부원장답다. 가장 많이 묻는 정치인이 되겠다는 포부도 남다르다. 김현성 부원장이 삶으로 증거한 미래가 궁금하다. 가즈아!

장항준 | 영화감독

김현성 부원장과는 중앙대 입학동기다. 군대를 다녀와 총학생회 활동을 하는 사람들이 많지 않기에 자연스럽게 가까워졌다. 김현성 부원장은 자칫 담론으로 개개인의 의견이 가볍게 다뤄질 수 있는 학생회 활동에서 학우들의 의견을 경청하고 그것을 바탕으로 사업을 기획했다. 김현성 부원장이 기획한 일 중 히트작이 많다. 교직원과 지역의 불우아동, 학생이 갖고 있는 장점을 연결하자는 사랑의 트라이앵글, 건학 80주년을 맞아 사회저명인사를 초청해 강연을 진행한 80년 연속 특강 등은 지금도 신선하게 느껴진다. '하겠다'는 이야기만 많은 정치권에 '했다'는 것으로 내일을 보여주는 사람이 내 동기라는 것이 자랑스럽다. 지금은 두더쉽(Do + Leadership)의 시대다.

안진걸 | 참여연대 사무처장

IT 기술의 발전에 따라 PC, 모바일을 거쳐 AI 시대로 향하고 있는 지금 여전히 정치 환경은 이러한 흐름을 따라가지 못하고 있다. 이 책은 저자가 '디지털 기술을 활용하여 사회를 혁신하고 정치를 변화시킨 이야기'를 담고 있다. 무엇보다도 저자는 디지털 시대의 가장 중요한 화두가 '쌍방향 커뮤니케이션'이라는 점을 이야기하면서 '소통'의 중요성을 강조한다. 단순히 디지털 기술을 통한 사회 발전이 아닌 디지털 기술을 통해 더 나은 '소통'을 하고 이를 통한 사람 중심의 사회 발전을 이야기하고 있는 것이다. 저자가 꿈꾸는 '디지털 사회혁신'에 대한 유쾌한 물음과 답이 우리의 정치 환경에 새로운 길을 열어줄 수 있기를 희망한다.

이재현 | 구글코리아 전략기획본부장

여는 글

Wedership(We + Leadership)으로

'불'평등의 바다를 건너자

물음의 리더십 원년

1. 겁이 없다

잘 다니던 대기업 계열의 광고대행사(금강기획, 현 금강오길비)에 사표를 던지고 창업을 했다. 젊은 CEO로 회사가 안정됐을 때 회사를 정리하고 서울시 보좌관이 됐다. 박원순 서울시장의 최장수 보좌관으로 서울시 생활이 익숙해질 만할 때 문재인 대통령 후보를 도왔다. 그렇게 나를 바꿔 세상을 바꿀 수 있음을 증거했다.

2. '다 그래'는 없다

민주주의를 농단하고 헌법을 유린한 대통령이 임기를 채우고 내려오게 할 수 없다고 추운 겨울 언 손을 녹여가며 함께했다. '이게 나라냐?'라는 물음에서 시작된 대통령의 탄핵과 문재인 정부의 탄생. '대통령 한 사람만 바뀐 거 아니야?'

라는 물음에 여전히 국민들은 마음속 촛불을 켜고 있다. 적폐의 깊이와 폭은 우리가 상상한 이상이다. 이제 겨우 공동정범들을 법으로 단죄한 것뿐이다. 민주주의와 헌법을 농단한 세력이 민주주의 헌법의 덕을 가장 많이 보고 있다. 혹여 '다 그래'라며 그들의 범죄를 옹호해서는 안 된다. 이번 지방선거는 문재인 정부의 진짜 시작을 알리는 '정초선거'다. 정신 똑바로 차리자.

3. 불이 났다

촛불은 꺼졌지만 국민 마음속 '불'이 번져가고 있다. 제천, 밀양의 화재를 이야기하는 것이 아니다. '불'평등의 불, '불'공정의 불, '불'안전의 불, '불'통의 '불'이 걷잡을 수 없이 퍼져나가고 있다. 불 끄는 정치가 필요함에도 정치는 불을 내고 있고, 심지어 부채질까지 한다. 눈에 보이는 불은 물로 끄지만 마음속 불은 소통으로 꺼야 한다. 국민들 마음속 불을 꺼줄 소방수 정치가 필요하다.

4. Rule을 바꿔야 한다

우리는 식민지통치, 남북분단, 한국전쟁 그 폐허의 잿더미에서 다시 일어나 50여 년의 짧은 기간 동안 고도의 압축성장을 했다. 산업화와 민주화를 동시에 이루어냈고, '한강의 기적'이라 불리며 다른 개발도상국의 모범적 발전모델이 됐다.

그러나 이런 고속 압축성장으로 인한 양극화의 그늘은 깊고도 넓다. '불'평등과 '불'공정은 사회 안정까지 위협하고 있다. 1997년 동아시아 외환 위기를 겨우 탈출했으나 2008년 금융위기에 다시 한 번 시련을 경험해야 했다. 정치는 저성장, 양극화, 높은 청년실업률, 저출산, 고령화의 도전에 효과적인 해법을 내놓지 못하고 있다.

노벨경제학상을 받은 조셉 스티글리츠(Joseph Stiglitz)는 그의 저서『불평등의 대가』에서 '불평등을 높이는 주요 요인은 세계화와 같은 통제할 수 없는 외부 상황이 아닌, 부자들에게만 유리한 게임의 규칙을 만들어내는 정치구조다. 1%의 운명도 궁극적으로는 나머지 99%가 어떻게 사느냐에 달려 있다. 교육, R&D, 인프라, 반독점 규제, 세제 개편, 기업지배구조 등을 통해서 시장의 실패를 보완하지 않으면 모두가 비싼 대가를 치르게 된다'고 이야기하고 있다.

우리는 이것이 효율과 경쟁, 자본 중심의 환경에서 성장만 중시한 뼈아픈 대가라는 것을 깨닫고 있다. 이제 사람들은 우리의 과거와 현재를 성찰하기 시작했으며, 대안을 찾고 있다. 성장의 신화에서 벗어나 사람 중심, 삶의 질 중시로 탈바꿈

중이다. 경제의 룰이 바뀌고 있다.

일방적이고 대기업 중심의 양적인 성장이 아니라 사람 중심의 소득주도 지속가능한 성장, 이기적이고 파편화된 개인이 아니라 협력, 참여, 공유, 공존의 경제, 불평등, 불공정, 불균형을 개선해서 평등하고 공정하고 균형 잡힌 사회, 특정 세력이나 특권 계층을 위한 경제에서 벗어나 누구도 소외되거나 배제되지 않는 우리 모두가 더불어 행복한 경제를 꿈꾼다.

5. 묻는 정치가 필요하다

이런 대전환의 풍랑을 헤쳐 나갈 선장은 들어주는 사람이어야 하고 묻는 사람이어야 한다. 전지전능한 능력을 갖고 마침표를 찍으며 앞서가는 사람이 아닌, 우리 안에서 함께 해결해야 될 문제를 묻고 여러 사람들의 답을 잘 조율해야 한다. 우리 위에 있는 리더가 아닌 우리를 위한 리더십 Wedership(We + Leadership)의 지도자가 필요하다. 디지털 기술혁신을 국민을 감시·감독하는 용도로 활용하기보다는 연결된 국민들의 의견을 조율하고 조정하는 플랫폼으로 활용할 수 있는 지혜도 필요하다. 문재인 정부는 역대 정부 중 국민에게 가장 많이 물은 정부, 국민과 가장 잘 연결된 대통령이 됐으면 한다.

차 례

2부 革

더 나은 혁신은 없는가

3부 問

물음의 정치는 불가능한가

1부 어떻게 연결할 것인가

수처작주 입처개진 隨處作主 立處皆眞

"머무르는 곳마다 주인이 돼라.
지금 있는 그곳이 바로 진리(깨달음)의 세계이니라."

連

데모 주동자

담양 조합장네 큰아들

1972년은 침묵의 시기였다. 유신헌법을 통과시킨 대통령은 거칠 것이 없었다. 목소리는 사라지고 구호만 요란했던 그해 12월 21일, 나는 아버지 김정묵, 어머니 임혜순의 장남으로 태어났다. 내 또래 중에는 유신이라는 이름을 가진 친구가 적지 않다. 그런 게 옳다고 믿어지는, 믿어야 하는 시대였다. 대통령이 저격당했을 때는 초등학생인 나 또한 나라가 망하는구나 싶어 울음을 터트렸으니까. 그날 엉엉 울던 꼬마는 국가주도 성장이란 미명하에 국민의 인권과 존엄한 삶을 짓밟은 대통령을 꾸짖는 논객으로 자라났다. 말을 빼앗긴 시절에 태어났지만, 이제는 말이 내 밥벌이다.

태어나기는 서울의 어느 산부인과에서 태어났지만 자란

곳은 전라남도 담양군 금성면 산이천 부락이다. 그래서 내가 고향이라 생각하는 곳은 담양이다. '산이천'은 행정구역상 공식 명칭이고 어른들은 '사이네'라고 불렀다. 산이천의 순 우리말 이름인 사이네, 참 예쁜 이름이다. 지금은 관광지로 유명한 메타세콰이어 가로수길이 내 등굣길이었다. 농부 집안의 장남으로 태어난 일상에는 늘 자잘한 농사일들이 따라다녔다. 부모님은 공부에 소질이 있어 보이는 장남에게 굳이 다른 일을 시키려고 하지 않았지만, 농번기에 마냥 손을 놓고 있을 수는 없었다. 벼가 서서히 익어갈 무렵이면 깡통 하나 들고 나와 땡볕 아래에서 온종일 새를 쫓는 일이 유독 지루했던 기억이 난다.

아버지는 지역의 조합장이었다. 사람들이 아버지를 늘 '조합장님'이라고 불렀기에 나도 아버지를 떠올리면 아버지보다 조합장님이라는 말이 더 익숙할 정도다. 농가 소득 증가와 부채 문제가 농촌의 중요한 화두였던 시절에 5선을 한 아버지는 유능한 조합장이었다. 다만 아버지는 밖에서만큼 안에서도 유능한 사람은 아니었다. 어린 시절 나에게 아버지는 어머니를 힘들게 하는 남자 그 이상도 이하도 아니었다.

지금도 기억나는 아버지의 가르침은 인사를 잘하라는 것이었다. 인사성이 좋으면 어디를 가서든 절대 굶지 않는다며 아는 사람이든 모르는 사람이든 인사를 하라고 하셨다. 누군가에게 "자네 아들놈을 봤는데 인사도 안 하고 가대"라는 말을 듣고 오신 날에는 불호령이 떨어졌다. 그때는 혼나지 않으려고 무의식적으로 버스에서든 골목에서든 눈이 마주친 사람에게 인사를 했다. 덕분에 동네에서는 '인사깐 좋은 이이'로 이야기됐다. 처음엔 아버지의 눈치를 보면서 시작한 인사하는 버릇이 자라면서 내 경쟁력이 되었으니 어찌 보면 인사성은 아버지가 준 선물이다. 얼마 전 '인사 잘하는 학교'라는 슬로건을 내건 모 대학의 옥외 광고를 보고 아버지 생각이 나서 웃었다.

여느 부모와 마찬가지로 공부하라는 잔소리도 아버지에 대한 추억 중 하나다. 내내 공부를 하라며 들들 볶는 편은 아니셨으나 성적이 떨어진 날에는 겸상도 안 하셨던 기억이 난다. 그러다가도 처음 광주로 진학해서 엉망인 성적표를 내밀었을 때 "몸 건강하면 되제! 정직하게 보여줘 고맙다"라고 의외의 반응을 보이셔서 감동을 받기도 했다.

아버지가 조합장이어서 받은 부담과 스트레스 못지않게 내가 받은 혜택도 상당했다. 학창 시절 대단한 실력이 없는데도 선생님들의 든든한 지지를 받아 과학상자 조립대회에 학교 대표로 나가 상까지 받은 적이 있을 정도다. 아무리 작은 시골 동네라고 해도 초등학교와 중학교를 수석 졸업하는 것은 쉬운 일이 아닌

데, 아마 그 또한 온전하게 나만의 힘은 아니었을 것이다.

나는 고등학교 1학년 때까지만 해도 의사가 되겠다는 꿈을 가지고 있었다. 우등생으로서 자연스럽게 떠올릴 수 있는 직업이기도 했지만 무엇보다 집안에 몸이 아픈 사람이 꽤 있었던 탓에 의사가 되어 내 손으로 직접 가족을 돌보고 싶다는 생각이었다. 중학교 때는 이런 나의 꿈 이야기를 산문으로 써서 호남예술제에서 우수상을 받기도 했다.

부모님은 영특한 아들을 광주 시내에 명문 고등학교로 보내고 싶어 했다. 그러나 마침 고교 평준화 제도가 도입돼서 나는 추첨을 통해 '송원고등학교'라는 곳에 입학했다. 사실 당시 송원고등학교는 광주 내에서 따지면 광주일고등학교와 같은 명문에 비해 좋은 학교라고 하기는 어려운 곳이었다. 야간고등학교를 다니는 친구들 중에는 소위 주먹 깨나 쓴다는 험상궂은 녀석들도 다수였다.

입학하자마자 나는 총학생회 부회장에 출마했다. 당시 송원고등학교는 2학년이 학생회장, 1학년이 부학생회장을 맡았다. 부학생회장은 학생회장이 추천하는데 학생회장이 당선되면 부학생회장도 함께 당선되는 방식이었다. 학생회장 후보로 출마한 2학년 선배가 별다른 인연도 없는 나를 어떤 이유에선지 좋게 본 덕에 나는 부학생회장으로 출마할 수 있었다.

중학교 때까지 공부만 열심히 한 아들을 집안의 기둥으로 생각했던 부모님은 처음에 출마를 반대했다. 공부 잘하던 아이가 갑자기 바람이 들어 앞길을 망칠 수도 있다는 걱정에서였다. 그 때 나를 응원해주신 분은 담임 선생님이었다. 선생님은 담양까지 직접 내려가 부모님을 설득할 정도로 열성이었다.

“현성이 아버님. 현성이는 언변도 뛰어나고 사람을 이끄는 리더십도 있는 아이입니다. 저런 애를 회장을 시켜야 더 큰일도 하고 훌륭한 사람이 됩니다.”

결국 나는 부모님의 허락을 받고 부학생회장 선거에 출마할 수 있었다. 이왕 하기로 한 거 열심히 해보자는 생각에 앞뒤 가리지 않고 선거 운동을 했다. 선배들 교실에 들어가 공약을 외치고 노래 한 곡 부르고 오는 것에 주저함이 없었다. 하지만 선거 판도는 불리했다. 학생회장은 총 두 명이 출마했는데, 상대편은 광주 토박이 출신으로 광주에 연고를 둔 다수의 학생들과 안면이 있어 한결 유리한 상황이었다. 이에 비하면 우리는 담양에서 건너와 딱히 아는 친구가 없는 뜨내기였다.

곰곰이 상황을 지켜본 나는 이를 역으로 이용하기로 했다. 대략 보아하니 나처럼 광주로 유학을 온 뜨내기 친구들은 전교생의 30% 정도였다. 이 친구들은 광주 토박이들에게 밀려 학내에서 은근한 소외감을 느끼고 있는 상태였다. 나는 이들이 우리의 확실한 지지층이 될 수 있을 거라 생각했다. 선거 운동을 할 때마다 이들을 겨냥해 나 역시 담양에서 이곳으로 유학 온 처지임을 강조하며 타지로 공부하러 온 학생들이 겪는 어려움을 이야기하고, 멀리서 온 친구들도 잘 적응할 수 있는 학교가 되어야 한다고 목소리를 높였다. 이 친구들이 고정 지지층이 되면 30%의 표는 받고 들어가니 나머지 70%의 절반만 설득시킬 수 있으면 이긴다는 작전이었다.

선거 직전에는 전교생을 상대로 유세를 할 수 있는 기회가 있었다. 어디서 그런 자신감이 나왔는지 1,800명이 넘는 전교생 앞에서도 주눅 들지 않고 두발 자유화, 스쿨버스 운행 등을 이뤄내겠다며 주먹을 불끈 쥐었다. 학생들은 열화와 같은 박수 소리로 나를 응원해주었다. 연설을 마치고 단상을 내려오는 기분이 짜릿했다.

난생 처음 경험한 학생회장 선거에서 거침없이 활약할 수 있었던 데에는 아버지의 영향이 컸다. 조합장 선거를 치르는 아버지를 어깨너머로 보면서 배운 것들이 있었던 것이다. 조합장 선거철이 되면 유독 집에 드나드는 사람이 많아졌고 아버지는 마을을 돌아다니며 사람들과 인사를 나누었다. 그 들썩들썩한 분위기가 나는 썩 싫지는 않았던 것 같다. 선거는 또 다른 형식의 만남이자 인사라는 생각도 들었다. 머리가 굵어져 조합장이 무엇이며 투표가 어떤 것인지 알게 되면서 선거라는 제도가 한결 더 매력적이라고 느꼈다. 후일 내가 여러 선거에 조력자로 나서며 차차 정치인을 꿈꾸게 된 데에는 그런 경험들이 알게 모르게 영향을 미쳤다.

마침내 학생회장 선거의 날이 밝았다. 밤잠을 설친 나는 조마조마한 마음으로 개표를 기다렸다. 결과는 60:40으로 승리였다. 광주 토박이파의 승리로 끝날 거라는 모두의 예측을 뒤엎은 결과였다. 그날은 너무 기뻐 구름 위를 둥둥 떠다니는 기분으로 하루를 보냈다.

전교조 해직교사 복직 운동

총학생회 부회장에 당선된 나는 공부보다는 사회문제에 관심을 두었다. 그도 그럴 것이 당시는 1987년 6월 항쟁 이후 사회 곳곳에서 국민들의 민주화에 대한 열망이 터져나올 때였다. 정권의 기능이자 수단으로 전락해있던 국민들이 정권 연장을 꿈꾸는 전두환 정권에 맞서서 대통령 직선제를 쟁취해냈다.

피와 땀으로 얻어낸 값진 1987년 대선에서 양김의 분열*로 정권을 교체하지는 못했지만 총선에서는 여소야대를 통해서 노태우 정권을 견제하는 장치를 마련했다. 전국에서 노조가 만들어지고, 자유와 인권을 외치는 목소리가 높아졌다. 광주 5·18 민주화운동 청문회를 통해 노무현이라는 인물이 전국적으로 국민들에게 처음 각인되는 일도 있었다.

교육계도 예외일 수 없었다. '민족, 민주, 인간화 교육'을 모토로 전국교직원노조(이하 전교조)를 만들겠다고 전국의 교사들이 움직였다. 그러나 정권은 교사의 노조 설립이 불법적 행위라며 맞섰다. 5·18 민주화운동의 영향이었을까? 광주는 민주화를 요구하는 모든 활동에서 늘 선두에 있었다. 전교조 운동이 가장 뜨거운 곳도 광주였다.

하지만 상황은 불리하게 돌아갔다. '신성한 교직을 노동조합으로 만드는 것은 불경한 일이다'라는 정부의 여론전이 먹혀 들어가는 모양새였다. 그 틈을 타서 정부는 전교조에 가입한 교사들을 강압적으로 해직시키는 극단적인 조치를 취했다.

나는 전교조 선생님들이 갑자기 학교를 떠나는 모습을 보며 인생 처음으로 정의와 공정함에 대한 물음이 생겼다. 이제껏 조합장의 아들로 평안하게 살아오면서는 느껴보지 못

• 1987년 대선에서 민주화 과정의 핵심인물이었던 김영삼과 김대중은 후보 단일화를 이루지 못하고 분열했다. 결국 양 김의 표가 분산되면서 노태우가 36.6%의 득표율로 13대 대통령으로 당선됐다.

한 감정이었다. 내가 아는 해직 당한 전교조 선생님들은 학생을 위하는 평범한 교사들이었다. 신문에서 이야기하는 것처럼 나라를 어지럽히고 사상이 불온한 사람들이 아니었다. 오히려 학교를 떠난 선생님들 대다수는 국어, 영어, 수학 등 학문을 가르치는 교육 기술자에 머물지 않고 학생들에게 인생의 지혜를 전달하는 진정한 스승이었다. 그 분들 덕분에 나는 세상이 어떻게 돌아가며 어떤 부당함이 사회를 지배하는지 배울 수 있었다. 또한 전교조 선생님들은 입시라는 제도로 인간을 줄 세우는 데에 반대했고 민주적이고 민족적인 관점을 가지고 학생을 존중하는 교육을 해야 한다는 생각이 분명한 사람들이었다.

가만히 있을 수 없었다. 다른 학생들 역시 팔짱 끼고 있지만은 않았다. 송원고등학교는 '송원학원'이라는 사학재단에 속해있었다. 전교조 사태에 대한 대응 방안을 논의하기 위해 이 재단에 속한 송원고, 송원여고, 송원여상, 송원중, 송원여중 각 학교의 학생 대표와 담당 교사가 모이는 회의 테이블이 만들어졌다. 나는 그 자리에서 사회를 보았다. 치열한 논쟁이 오갔고 나는 어떻게 해서든 이 사태를 해결해야 한다는 마음이 더욱 굳어졌다.

이후로 뜻을 같이 하는 친구들과 함께 노골적으로 전교조

교사 구명 운동을 했다. 우리의 소문을 듣고 전남대학교 대학생들이 학교를 찾아왔다. 대학생들은 우리에게 사회운동의 방식을 하나하나 알려주었다. 구호를 외치는 법을 알려주고 뜻을 모으기 위해 꼭 필요한 사상 교육도 시켜주었다. 철없던 고등학생들은 선배들 덕분에 학교에서 배울 수 없었던 철학을 배우고 한국 사회의 근본적 모순을 공부하며 의식화될 수 있었다. 특히 『철학 에세이』라는 책이 준 메시지는 참 많은 것을 깨닫게 했다. 일단 철학이 엄청난 이야기가 아닌 내 삶에 대한 물음이라는 점을 깨닫고 내 문제를 해결할 수 있는 친근한 학문으로 철학을 받아들일 수 있게 해주었다. 어려운 말보다 우화나 이야기를 통해 철학을 풀이한 덕분에 고등학생이었던 나는 그 내용을 더 쉽게 이해할 수 있었다.

이런 경험을 통해 머리가 굵어지면서 수업 시간에 선생님들과의 논쟁을 벌이는 일이 잦아졌다. 한번은 국어 선생님이 국어를 가르치면서 자본주의 시장경제를 설명하다가 이런 말씀을 하셨다.

"시장경제는 일하는 만큼 잘살 수 있는 제도이고 우리나라는 시장경제 국가이다."

선생님의 설명을 듣고 나는 손을 들어서 이렇게 물었다.

"저희 어머니는 새벽에 뜬 별을 보고 일하러 나가셔서 저녁 해질 무렵 집에 들어오십니다. 그런데 우리 집은 그렇게 잘 살지 못합니다. 여기 시골에서 올라온 친구들의 집도 다 그럴 것이라 생각합니다."

이야기를 하다가 나도 모르게 눈물이 맺혔다. 교실이 일순 조용해졌고 선생님도 당황하셨다. 상황을 수습하기 위한 선생님의 말은 귀에 잘 들어오지 않았고 나를 울게 했던 정체 모를 억울함은 쉽게 잦아들지 않았다.

전과 2범(?)이 되다

대학생 선배들을 만난 이후로 나는 좀 더 과감해졌고 단단한 목소리를 내기 시작했다. 해직교사에 대한 복직 요구가 받아들여지지 않자 이사장실을 점거하기까지 했다. 이런 일련의 활동들 때문에 나는 경찰서로부터 출두 요구를 받았지만 출두 요구를 받은 다른 친구들과 함께 집단으로 응하지 않았다. 당시 나와 비슷한 고민을 하던 광주 지역 고등학생들은 '광주 고등학교 대표자협의회(광고협)'라는 느슨한 연대기구를 만들어 상황을 공동으로 대응하고 있었다.

덕분에 경찰과 당국의 압력은 호기롭게 이겨낼 수 있었지만 부모님을 설득하는 일은 참 힘들었다. 학교는 학부모 회의를 열어서 아버지를 압박했다. 시간이 지나 아버지가 이야기해주셨는데 학부모 회의를 참석하면 "김현성이란 학생이 학교 분위기를 흐리는데 누가 김현성 부모입니까? 가정교육을 어떻게 시켰는지 모르겠습니다"라며 아버지를 앞에 두고 노골적으로 이야기하는 사람도 있었다고 한다. 이에 아버지는 "가정교육 운운할 일은 아닌 것 같습니다. 정의롭지 못한 것을 보고 정의롭지 않다고 이야기하는 것은 용기가 아닌가요? 다만 다른 사람에게 폐가 된다면 자식 놈을 잘 타일러 보겠습니다"라고 답하셨다고 한다. 아버지는 전교조 해직교사 복직 운동을 적극적으로 지원해주시지 않았지만 적어도 명시적으로 말리지는 않으셨다. 하지만 아버지의 속은 모르긴 몰라도 새카맣게 타들어갔을 것이다.

그러던 중 오로지 해고된 선생님들을 구해야 한다는 열의로 가득 차있던 내 가슴을 진정시켜준 일이 생겼다. 존경하던 체육 선생님 한 분이 갑자기 세상을 떠나신 것이다. 그 분은 평소에 나와 말이 잘 통하고 학생의 입장을 이해해주신 분이었다. 다만 해직교사 복직 운동을 학생들이 하는 것은 반대하셨다. 당시 체육 선생님은 학생주임으로 학교측 입장을 대변해야 하는 위치여서 학생측 대표격인 나와 사사건건 충돌할 수밖에 없었다. 수시로 논쟁이 벌어졌지만 그 분은 언제나 나를 학생이라고 무시하지 않고 내 이야기를 끝까지 들어주셨다. 그렇게 좋은 분이 어느 날 훌쩍 내 곁을 떠나자 나는 큰 충격에 빠졌고 전교조 운동에 대한 의지도 줄어들었다. 혹시 내가 전교조 문제로 선생님을 너무 힘들게 해서 돌아가신 건 아닌가 하는 생각까지 들었다. 체육 선생님의 장례식장에서 눈물을 흘리며 조서를 읽는 나의 모습을 기억하는 친구들이 아직도 많다.

그런 나를 지켜보시던 부모님은 아들의 기세가 꺾이기를 기다렸다는 듯이 나를 병원에 3주 동안 강제로 입원시켰다. 병원에서 한 달 가까이 갇혀있다가 나오니 공부도, 운동도 할 생각이 들지 않았다. 나는 집을 나와 서울과 해남에 있는 친구들의 집을 전전하며 방황의 시간을 보냈다. 그 시간 동안 내내 내 머릿속을 오간 것은 억울하게 학교를 떠난 전교조 선생님들과 나를 이해하고 지켜봐주셨던 체육 선생님의 모습이었다. 그들은 모두 훌륭한 스승이었다. 소속이 전교조인지 아닌지가 마치 참된 교사의 기준인 양 생각했던 판단은 흔들렸다. 삶은 그렇게 단순하지 않았고 선악을 칼로 자르듯 구분할 수 없었다. 세상을 제대로 살아가기 위해서는 남들이 가르쳐준 지식만으로는 부족했다. 어떤 판단을 하기 위해서는 남이 가르쳐준 것이 아닌 나만의 잣대를 만들고 신념을 가져야 한다는 깨달음이 밀려왔다.

긴 방황 끝에 학교로 돌아온 나는 진로를 바꿨다. 이전처럼 의사를 꿈꿀 수 없었다. 의사는 고귀한 직업이었지만 이토록 혼란스러운 시대에 나와 내 가족만 잘 먹고 잘 살아보자고 의사가 되는 건 비겁하다는 생각이 들었다. 새로운 꿈은 기자가 되는 것이었다. 전교조 사태에서 사실상 여론을 주도한 건 언론이었다. 기자의 한마디에 전교조 교사들은 '빨갱이'와 '참교사'를 오갔다. 나는 그 과정을 지켜보며 세상을 바꾸는 힘은 언론의 펜 끝에서 나온다는 걸 절감했다. 올바른 진실을 전하는 기자가 되어 세상을 바꾸고 싶었다.

관련 학과로 진학하기 위해서는 이과에서 문과로 전과를 해야 했다. 기자가 되고 싶어서 전과를 하겠다고 이야기하자 부모님은 또 걱정을 하셨다. 공부 잘하던 아들이 학생운동을 하고 가출까지 하고는 돌아와서 다른 공부를 하겠다고 선언하니 부모 입장에서는 애가 또 무슨 바람이 들었나 싶었을 터이다. 담임 선생님과 교장 선생님 역시 내 결정을 못 미더워 하시다가 이런 제안을 하셨다. 광주에 있는 청소년 상담소를 찾아가 상담을 해보고, 그래도 전과를 하고 싶은 마음이 들면 전과를 허락해주겠다는 것이다.

처음에는 내 요구를 들어주고 싶지 않은 선생님들의 꼼수라고 생각했다. 상담이 무슨 소용인가 싶어 귀찮은 마음까지 들었지만 일단 들어나 보자는 생각으로 광주 청소년 상담소에 갔는데, 뜻밖에 그곳에서 인생의 기조가 될만한 큰 가르침을 받았다.

상담 선생님은 처음에 왜 전과를 하고 싶냐고 물었다. 나는 의사의 길이 이기적으로 느껴졌고 세상의 문제를 눈감고 살 수 없어서 세상을 바꾸는 일을 하기 위해 기자가 되고 싶다는 요지의 말을 했다. 전과에 대한 내 강한 의지를 거듭 확인한 선생님은 이렇게 말했다.

"너는 주관이 아주 뚜렷하구나. 부모님의 말씀처럼 전과를 하지 않고 지금의 길을 간다고 꼭 성공을 한다는 보장은 없어. 물론 그 반대의 경우도 마찬가지겠지. 어떤 선택을 하든 성공하거나 실패할 수 있어. 그런데 전과를 하지 않고 실패할 경우, 어른들 때문에 전과를 하지 못해서 실패한 거라고 여겨 그 아쉬움과 후회로 다시 일어날 수 있는 힘까지 잃을 수 있단다. 하지만 본인이 주관적으로 선택한 길에서는 모든 책임이 본인에게 돌아오기 때문에 스스로를 돌아보고 다시 일어나 새로운 길을 찾을 수 있겠지. 그러니 네가 선택한 대로 전과를 하는 게 좋을 것 같아."

쓸데없는 생각하지 말고 공부나 하라는 훈계를 들을 줄

송원고등학교 졸업식 때 실장들과 학내에서 찍은 사진. (아랫줄 오른쪽에서 세 번째가 나)

알았는데 그 분은 거꾸로 내 생각을 응원하고 지지하며 흔들림 없이 가고 싶은 길을 가보라고 조언해주셨다. 상담을 마치고 돌아온 나는 담임 선생님께 원래 다짐대로 전과를 해서 새로운 공부를 하고 싶다고 이야기했고, 선생님은 약속대로 전과를 시켜주셨다.

이후 대학에서도 한 차례 전과를 했으니 따져보면 나는 '전과 2범'이다. 그밖에도 인생에서 수많은 전과를 하며 살아왔으니 그 '별'의 숫자는 다 헤아리기 어려울 정도다. 익숙한 환경을 벗어나 새로운 무언가에 도전해야 하는 전과는 언제나 쉽지 않는 선택이자 모험이다. 공부도 그렇지만 사회생활은 더더욱 그렇다. 그럼에도 거침없이 전과 X범이 될 수 있었던 이유는 학창 시절에 겪은 잊을 수 없는 경험들이 디딤돌이 된 덕이다.

학창 시절 내 주위에는 정말 좋은 스승이 많았다. 부학생회장이 되도록 도와주신 담임 선생님, 새로운 세계를 열어준 전교조 선생님들, 나를 끝까지 존중해주신 체육 선생님, 인생에서 잊을 수 없는 조언을 해주신 상담 선생님, 철학을 가르쳐준 사상적 스승이자 때로는 신나게 같이 노는 친구가 되어준 대학생 선배들…….

이들의 도움으로 나는 남들이 정해놓은 길로 얌전히 걸어가는 모범생이 아닌, 내 마음이 부르는 대로 뚜벅뚜벅 걸어가는 용기 있는 한 명의 인간으로 다시 태어날 수 있었다. 이들 모두에게 마음 깊이 감사를 전하고 싶다.

인생의 스승,
김대중과 김근태

애어른

혹시 당신은 1980년 9월 13일, '내란 음모, 내란 선동, 계엄법 위반, 국가보안법 위반, 반공법 위반, 외국환 관리법 위반'이라는 살벌한 죄명으로 군사 법정에 앉아있던 56세의 피고에 대해 아는가. 내란 음모에 휘말려 사형 판결을 눈앞에 둔 김대중은 차분히 진술했다.

"……내가 처형당한다는 것은 처음부터 각오하고 있는 일입니다. 나는 여기 이 기회를 빌려 공동 피고인 여러분께 유언을 남기고 싶습니다. 내 판단으로 머지않아 1980년대에는 민주주의가 회복될 것입니다. 나는 그걸 확실히 믿고 있습니다. 그때가 되거든 먼저 죽어간 나를 위해서든, 또 다른 누구를 위해서든 정치적인 보복이 이 땅에서 다시는 행해지지 않도록 부탁하고 싶습니다. 이것이야말로 내 마지막 남은 소망이기도 하고 또 하느님의 이름으로 하는 내 마지막 유언입니다."

이 진술을 함께 듣고 있던 방청객과 내란 주동자의 누명을 함께 쓰고 앉아있던 피고인들의 심정을 나는 감히 헤아리지 못한다. 다만 분명히 확인할 수 있는 건 죽음을 앞두고도 확고했던 그의 희망과 민주주의에 대한 갈망이다.

나는 요새 말로 하면 '김대중 덕후'다. 그를 방송이 아닌 실제로 처음 본 건 담양의 어느 유세장이었다. 1987년 6월 항쟁 이후 국민의 힘으로 쟁취한 대통령 직선제에서 김대중은 평민당의 대통령 후보로 출마한 상태였다. 중학생이던 나는 김대중 후보가 담양에 유세를 온다는 소식을 듣고 수업을 땡땡이친 채 유세장으로 달려갔다. 지금이야 SNS, 인터넷 등을 통해 여러 가지 방법으로 정치인들의 생각을 들을 수 있지만 그때만 해도 광장이나 공원에서 사람들을 모아놓고 하는 대중연설 말고는 방법이 없었다. 어린 나이에 그를 왜 그렇게 좋아하게 되었는지, 그 이유를 정확히 설명하기는 어렵다. 한 가지 분명한 건 TV에서 보았던 무수히 많은 정치인에게는 느끼지 못한 감동과 매력을 김대중에게는 찾을 수 있었다는 점이다. 나는 그날 인산인해의 유세장에서 세 시간을 기다린 끝에 김대중 후보의 연설을 직접 들을 수 있었다. 무슨 내용인지 기억나지는 않지만 쩌렁쩌렁한 그의 목소리가 남긴 울림은 여전하다. 그토록 존경해 마지않던 김대중을 다시 만나기까지 나에게는 10년의 시간이 필요했다.

질풍노도의 청소년기를 보내고 소원대로 기자의 길을 걷기 위해 중앙대학교 국문학과에 신학했다. 내가 가장 원하던 대학교에 진학하지 못해서 그렇기도 했지만 어쩐지 대학 생활은 그다지 신나지 않고 시시하기만 했다. 그 이유를 곱씹어보면 아마 대학에서 겪어야 할 것을 대부분 고등학교에서 겪어버렸기 때문인 듯하다. 대학에 와서 사회운동에 눈을 뜬 친구들은 젊은 혈기를 뽐내며 사회에서 제 목소리를 내기 위해 동분서주하고 관련 공부도 열심이었다. 나는 그런 것들을 이미 고등학교에서 경험한 데다가 대략의 운동권 서적들도 읽어버린 후였다. 이를테면 나는 인생의 어떤 과정을 속성으로 겪어버린 애어른이었다.

그러나 시국은 녹록하지 않았다. 대학에 입학한 1991년에는 3당 합당 이후 노태우 정권에 대한 퇴진 여론이 거셌다. 전국 곳곳에서 민주화 시위가 일어났다. 또한 수서비리 사건 등 각종 비리는 국민들의 저항감을 더 키웠다. 그런 와중에 1991년 4월 명지대 1학년생 강경대가 시위 중 경찰 사복체포조인 백골단에 의해 구타, 사망하는 사건이 발생했다. 이 사건으로 범국민 대책회의가 결성되었으며 전국적으로 많은 시위가 일어났다.

돌아보면 1991년은 한국 사회운동의 전환기였다. 대학에 막 입학한 1991년 초반만 해도 기존 학생운동의 분위기가 남아있긴 했다. 강경대 열사의 죽음으로 타오른 투쟁의 분위기에 시위를 해보자는 열기가 모이면 학내에 1,000명 이상 모이는 일이 어렵지 않았다. 전남대 박승희 열사, 성균관대 김귀정 열사 등 젊은 청춘들의 죽음이 이어졌고, 1990년 3당 합당으로 벌어진 보수회귀로 젊은이들의 마음은 이미 정부의 반대편에 가있었다.

그런데 1991년 중반부터 조금씩 분위기가 바뀌기 시작했다. 김지하 시인의 조선일보 칼럼 '죽음의 굿판을 당장 걷어치워라'라는 글은 분노에 불을 붙이면서도 기존 운동권에 균열을 냈다. 꽃다운 청춘들이 민주주의를 지키기 위해 맞서 싸우는 상황을 '죽음의 굿판'으로 폄훼하는 시인의 글에 많은 민주인사들이 분노하면서도 한편은 혼란스러워 했다. 김지하 시인은 한일회담 반대 시위, 오적 필화 사건, 민청학련 사건, 인혁당 사건 등을 거치며 박정희 군부독재와 유신정권에 항거한 대표적인 저항시인이었다. 그런 그가 노태우 정권에 항거하는 대학생들을 정면으로 비판하는 글을 쓴 것이다. 또 전국민족민주운동연합(전민련) 활동가 김기설 열사의 죽음에 배후가 있다는 의문이 제기되어 한국판 드레퓌스 사건이 된 강기훈 유서 대필 사건은 뒤늦게 정권의 조작으로 판명 났지만 당시는 동지끼리 자살을 방조하고 유서를 조작했다는 의심을 만들어 내 운동권의 분위기를 흔들었다.

여기에 정원식 총리 서리 밀가루 투척 사건이 찬물을 끼얹었다. 문교부 장관 재직 시 전교조 교사 해직의 주역인 정원식이 국무총리 서리로 지명되었고, 그가 국무총리직 수행 전 마지막 강연을 위해 한국외국어대학교를 찾았을 때 사건이 벌어졌다. 방문 전 이미 흉흉한 소문들이 돌았음에도 정원식 총리 서리는 이렇다 할 경호 없이 대학을 방문했고, 분노한 학생들은 밀가루와 계란을 던져 분노를 표했다. 총리에게 폭력을 행사하는 과정이 낱낱이 언론에 공개되자 학생들은 민주투사에서 패륜아로 전락했다. 그때만 해도 학생운동은 순수하고 순진했다. 미디어에 대한 이해가 부족했던 것이다. '군사부일체(君師父一體)'라는 유교적 전통을 가진 대한민국에서 스승이 아무리 큰 잘못을 했어도 제자가 밀가루를 뿌리고 발길질을 하면서 계란을 던진 일은 용서받기 어려웠다.

그렇게 대학을 중심으로 한 사회운동은 세력을 잃어갔다. 1991년 이전까지 사회운동의 중심은 대학교였다. 그만큼 대학은 자유로움 속에 선도적 이슈를 낼 수 있었고 상대적으로 생활인으로서 책임이 덜했기에 여러 이슈에 목소리를 낼 수 있었다. 정치사회적 이슈에 대해 문제의식을 갖고 대학생들이 목소리를 먼저 높이면 그에 여론이 형성되고 그것을 정치권이 수용하는 식이었다. 하지만 어느 순간부터 학생운동을 했던 세대가 사회 진출을 하면서 운동을 업으로 하는 시민운동단체가 생기고 어떤 한 의제를 전문적으로 다루는 단체들이 생기기 시작했다. 경제정의실천연합회(경실련)와 참여연대 등이 만들어진 시기가 이 무렵이다.

대학의 운동도 점차 새로운 관심사에 맞춰졌다. 학원 자주화나 등록금 투쟁과 같은 학내 문제나 환경 문제 등 시대에 어울리는 부분부터 제대로 해결해야 한다는 주장이 점점 강해졌다. 거대담론보다는 개인의 자유와 문화에 관심이 많은 신입생들의 성향은 이러한 목소리에 힘을 실었다.

데모에 나서는 학생들도 줄어 언제부턴가는 학생이 100명도 채 모이지 않는 경우가 잦아졌고, 이슈의 용광로로 활활 타오르던 대학교 운동권은 제도권에 편입되거나 강성이 사라지며 이전과는 다른 색채를 띠게 되었다. 나 역시 그런 애매한 환경 속에서 갈팡질팡하다가 학교에 딱히 정을 붙이지 못하고 다른 대학에 원서를 넣어보는 등 휴학과 재수를 반복하다가 1993년 군대에 입대했다.

방황이 준 선물

누구나 그러하듯이 나 또한 흔들리는 청춘을 보냈다. 그러나 나에게 방황은 그 순간은 힘들지만 지나고 나면 값지게 느껴지는 경우가 많았다. 그렇게 힘겨웠던 방황 끝에 받은 대표적인 선물이 아내다.

아내를 처음 만난 것은 해직교사 복직 운동으로 투쟁과 가출을 했던 사춘기 때다. 아내는 학창 시절부터 미모가 빼어나 많은 남고생들이 만나고 싶어하는 선망의 대상이었지만 내게는 친구 이상의 감정은 없었다. 다만 아내가 유독 편해 만날 때마다 이런저런 고민을 털어놨다. 누가 마음에 드는데 어떻게 해야 하는지와 같은 시시콜콜한 연애 상담부터 어떻게 살 것이며 어떻게 꿈을 이룰 것인지와 같은 다소 엉뚱한 이야기까지 온갖 이야기를 나눴다. 그때마다 아내는 참 유쾌하고 긍정적인 말들로 나에게 힘을 줬다. 아내는 지금도 "당신은 달랐어. 늘 꿈을 이야기했어. 지금은 당신의 그 꿈이 부담스럽지만 그때는 멋져 보였어"라고 회상한다.

그 후로 대학을 다니기 위해 내가 서울로 오면서 교류가 끊겼다. 가끔씩 아내가 서울에 오면 연락을 해와서 만나곤 했는데 오랜만에 만나도 편했다. 그때도 우리는 서로의 연애 이야기를 하면서 조언을 나누곤 했다. 내가 군대에 있을 때는 아내가 면회를 오는 등 우리는 꾸준히 만났지만 친구 사이 이상으로 관계가 진전되지는 않았다. 그렇게 세월이 흘러 취업을 하고 각자의 길을 가고 있던 어느 날 아내가 내가 다니는 회사로 나를 보러 오겠다고 했다. 오랜만에 만난 우리는 옛날처럼 그동안 하지 못했던 이야기를 나눴다. 이야기의 주제는 같았는데 서로에 대한 감정이 조금 달라졌다는 느낌이 들었다. 서로를 간절하게 원하고 있다는 것을 느꼈고 우리는 바로 결혼 계획을 세웠다.

우리는 그렇게 연인 사이가 된 지 100일도 안 돼서 군사 작전 하듯이 결혼을 했는데 이는 아버지와 장인어른의 역할이 컸다. 아내의 고향도 담양으로 지금은 수몰 지역인 담양군 월산면이었다. 장인어른은 농촌지도소의 공무원으로 오랫동안 근무하면서 전라도의 장성, 영광, 함평 등 여러 군을 두루 다닌 분이었다. 담양에서 근무할 때 그곳의 조합장인 아버지와도 인연이 있으셨다. 그래서인지 두 분은 상견례를 하고 나서 본인들께서 "올해는 넘기지 않기로 했다"라고 선언하시더니, 11월 19일에 담양군민회관으로 식장까지 잡아버리셨다. 덕분에 우리는 더 빨리 부부가 될 수 있었으니 감사드릴 일이다. 돌아보면 전교조가 가져다 준 방황이 아니었다면 아내와 가까워질 수 없었을 것이다. 아내는 그 시절 방황이 준 선물이자 여전히 내 안의 해와 같은 존재다.

대학교로 와서 계속되는 방황 끝에 만난 군 생활도 어떻게 보면 전환기였다. 남들은 다 '인생 낭비'라고 하는 군 생활이지만 나는 군대에서 유익한 경험을 많이 했다. 군대에서 맡은 보직은 신병교육대대 조교였다. 자유분방한 성격인 나는 사실 조교 체질은 아니다. 그런데 내가 속한 5사단 신병교육대대장은 변화하는 신병들의 학력 수준에 맞춰 대학 재학 중인 사람을 조교로 뽑고 싶어했다. 그때 안 사실이지만 당시만 해도 대학을 다니는 신병이 한 소대에 열 명이 되지 않았다.

군대에서 조교의 임무란 매번 바뀌는 신병들을 상대하는 일이었다. 나는 그때까지 학교를 다닌 것 외에 이렇다 할 사회생활 경험이 없었다. 고등학교 때 학생운동을 하며 어려운 책들 깨나 읽었다고 하지만 실물의 삶을 온몸으로 부딪쳐본 경험은 거의 없었다. 그러던 내 눈앞에 펼쳐진 인간 군상은 사회를 바라보는 시선을 넓히는 데에 큰 도움을 주었다.

신병 중에는 별의별 사람이 다 있었다. 많이 배운 사람, 못 배운 사람, 가난한 사람, 돈 많은 사람, 활달한 사람과 침울한 사람, 그리고 그 안에 거미줄처럼 얽혀있는 가정 환경, 교우 관계, 애정 관계……. 하나하나가 따져보면 모두 다른 세계고 각각이 하나의 우주였다. 나는 전교조인 선생님과 전교조가 아닌 선생님을 만나며 느꼈던, 인간을 몇 가지 잣대만으로 나누고 분류하는 일이 얼마나 섣부른 짓인가를 무수한 신병들의 얼굴을 마주하며 다시금 깨달았다.

예나 지금이나 군대는 열악하고 힘든 곳이기에 특히 가정이 어렵거나 애정 전선에 문제가 생긴 신병들은 몸과 마음이 모두 피폐해져 있었다. 그런 신병을 발견할 때면 조교로서 직접 나서 어려운 점을 해결해주기도 했다. 부대의 허락을 받아 신병의 가정집을 직접 방문하거나 여자친구를 만나 편지를 전달해주는 일이 다반사였다.

군대에서 가장 기억에 남는 일은 '막글터' 사건이다. 막글터란 내가 개발해낸 군대 게시판이다. 지금은 어떤지 모르지만 그 당시 조교는 자신이 맡은 신병소대의 생활관리 전반을 통제할 수 있는 권한이 있었다. 나는 신병들을 좀 더 효과적으로 통제하기 위해 채찍과 당근이 모두 필요하다는 생각을 했다. 조교는 자신의 역할에 충실하다 보면 신병들을 혹독하고 엄격히 다룰 수밖에 없다. 그러나 매번 엄하게만 대하면 부러지는 게 인간이다. 막글터는 힘든 시기를 보내는 신병들에게 열어주는 작은 탈출구였다.

방법은 간단했다. 신병들이 오면 내무반에 '막글터'라고 쓴 대학노트를 비치한다. 신병들은 그 노트에 자신의 신변잡

기나 질문 등 어떤 글이나 쓸 수 있다. 어떤 글이든 막 쓸 수 있다고 해서 '막글터'였다. 나는 가끔 이 노트에 내가 읽은 신문기사를 스크랩하기도 했다. 훈련병들은 바깥세상에 대한 궁금증을 내가 만들어놓은 스크랩으로 해소했다. 막글터나 뉴스 브리핑에 대한 신병들의 반응은 대체로 좋았고 나 역시 신병들과의 소통이 재미있었다.

나는 막글터에 모이는 글들을 하나하나 다 모아두었다. 나중에 '군대 낙서판'과 같은 제목으로 출판을 해볼까 하는 구상도 했다. 그 당시 어떤 이가 화장실 낙서들을 책으로 출판해서 화제를 모았다는 소식이 자극이 됐다. 그러나 나의 이 야심찬(?) 계획은 뜻밖의 일로 무산되고 만다.

당시 우리 소대에는 우연찮게도 대학에서 학생운동을 하던 신병이 꾸준히 들어왔다. 워낙 피 끓는 마음으로 운동을 하던 친구들인지라 막글터에도 자연스럽게 민주주의나 조국 통일과 같은 묵직한 이야기들이 심심치 않게 올라오곤 했다. 선배 입장에서 그런 글들이 반가웠지만 '지금은 그런 생각을 잠시 접어두고 군인의 본분에 충실해야 한다'는 식의 충고로 답을 하곤 했다. 그런데 이런 부분들이 어떤 영문인지 기무사 사찰 대상이 된 것이다. 군대 게시판에 종북 관련 글이 올라온다는 첩보를 접한 기무사가 어느 날 내 관물대를 급습해 그간 모아두었던 막글터 글들을 몽땅 가져갔고, 나는 기무대에 끌려가 자술서를 써야 했다.

하필 민감한 시기였다. 호랑이를 잡기 위해 호랑이 굴로 들어간다며 3당 합당을 한 김영삼 의원은 당내 투쟁을 통해 문민 대통령이 됐다. 여러 개혁조치들을 시행했지만 남북 관계는 생각보다 속도를 내지 못했고, 김일성 사망 이후 분위기가 급속하게 경색되는 상황이었다. 이런 시점에서 국내에 대대적인 종북몰이가 시작된 것이다.

다행히 막글터에 문제가 될 정도의 글이 없고 신병들을 위한 순수한 마음이었다는 진술이 먹혀들었는지 더 큰 문제가 벌어지지는 않았다. 하지만 그 이후로 막글터는 운영할 수 없었다. 국가보안법이 서슬 퍼렇게 살아있던 시기에 벌어진 일이다. 막글터는 내 추억 속에만 남아있지만 신병들과 가졌던 무수한 만남들은 내 몸에 진득이 체화되어 남아있다. 지금도 찾을 수만 있다면 그 글들을 찾고 싶다. 가장 절박한 순간에 토해낸 청춘들의 찐한 속내였고, 그것에 대한 내 진심이 담긴 글들이었기에 더더욱 아쉽다.

나는 1995년 겨울에 군을 제대했고 이듬해에 바로 복학을 했다. 세상에 대한 이해의 폭은 넓어졌다고 생각했지만 여전히 무엇을 하고 어디로 나아가야 할지 갈피를 잡기는 어려웠다.

표류하는 쪽배처럼 어디로 가는지 모르고 휩쓸려 다녔다. 방황을 거듭하다가 국문학과에서 정치외교학과로 전과를 했다. 그때는 1992년 대선에서 낙선하고 정계 은퇴를 했던 김대중 대통령이 영국 유학을 마친 후 귀국하고 정계 복귀를 해서 '새정치국민회의'를 창당했을 때였다. 정치외교학과 전과는 김대중 대통령에 대한 동경에서 온 영향도 있다. 대학 입학 당시 가졌던 기자의 꿈은 거의 사라진 상태였다.

그러던 중 새정치국민회의 소속 김민석 의원의 15대 총선 선거 운동에 참여했다. 당시 김민석 의원은 1992년에 민주당 소속으로 출마했다가 낙선한 후 같은 지역구에 재도전하는 것이었다. 서울대학교 총학생회장 출신의 김민석 의원은 젊고 유망한 정치인이었다. 그는 외모부터 행동, 말투까지 단정했다. 자기절제를 할 줄 알았으며, 윗사람과 아랫사람을 가리지 않고 모두에게 친절했다. 어쩌다 보니 수행비서 자리가 공석이 되어 내가 두어 달 그 역할을 하기도 했는데, 그때 항상 자신의 스케줄을 친절히 알려주어 내 대기 시간을 줄여주려고 했던 그의 배려가 아직도 기억에 남는다.

김민석 의원은 통찰력도 남달랐다. 어느 날 같이 차를 타고 가다가 그가 문득 내 꿈이 뭐냐고 묻기에 반쯤 허세를 담아 담양군수라고 답하자, "내가 군수를 태우고 다니네!" 하고 웃으며 꿈이 무엇이든 미래를 위해 두 가지를 공부하라며 조언을 해주었다. 그때 김민석 의원이 중요하다고 말한 두 가지가 '중국'과 '마케팅'이다. 1997년에 그는 이미 2000년대에 어떤 바람이 물어올지 정확히 예측하고 있었던 것이다. 또 그는 앞으로 정치는 누군가의 비서 수행의 경력이 아닌, 자기 콘텐츠가 있어야 한다는 조언도 해줬다. 최근 내가 김민석 의원이 원장으로 있는 여당의 씽크탱크(Think tank)인 '민주연구원'의 부원장으로 활동하고 있으니 인연의 무서움과 무거움을 동시에 느낀다.

당시 선거에서 그의 상대는 유명 탤런트 최불암이었다. 그를 향해 김민석 의원이 내세운 선거 슬로건이 인상적이었다. 김민석 의원은 상대방을 공격하는 대신 '1등 탤런트가 계속 1등 탤런트를 할 수 있게 해주자'라며 네거티브 없는 선거전을 했다. 상대편을 일단 깎아내려야 선거에서 승리하는 줄만 알았던 나에게 그런 방식 역시 신선한 충격이었다.

김민석 의원은 결국 그해 선거에서 승리해 서울시 영등포구의 국회의원이 되었다. 다음 해인 1997년 정태수 한보 그룹 총회장이 김영삼, 노태우 대통령에게 돈으로 로비를 했다는 의혹을 받아 청문회가 진행되었는데, 이때 그는 최연소 특위위원으로 거침없는 질문 공세를 해서 청문회 스타로 이름을 크게 알리기도 했다. 그리 길지 않은 기간이었지만 김민석 의원과 함께했던 시절은 정치인이 어떤 사람이고 좋은 선거 운동이 무엇이며 정치를 한다는 것이 무엇인지에 대해 몸으로 부딪치며 배울 수 있는 시간이었다.

영원한 스승 김대중 선생님

어떻게 보면 정치외교학과로의 전과와 김민석 선거캠프에서의 선거 운동은 김대중 선생님의 대선에 기여하기 위한 몸풀기였던 것 같다. 1996년 김대중 선생님은 정계 은퇴를 철회하고 새정치국민회의를 만들어 본격적인 정치 활동을 시작했다. 대선 출마를 공식화한 것이다. 새정치국민회의는 젊은 대학생들의 정책 아이디어를 얻으면서 보다 젊고 역동적으로 정당을 운영하기 위해 대학생 모니터 요원을 모집했다. 모집 공고를 봤을 때 망설일 이유가 없었다. 성심성의껏 지원서를 작성해 모니터 요원에 선발됐다.

4년 전 그때처럼 아무 도움도 드리지 못한 채 그를 다시 떠나보낼 수는 없었다. 1992년은 내게 마음의 빚처럼 남아있었다. 나는 그때 대학교 재수를 준비 중이어서 김대중 후보의 선거 운동에 아무런 보탬이 되지 못했고, 그는 대선에서 패배한 뒤 쓸쓸히 정계 은퇴를 선언했다. 나는 은퇴 발표를 TV에서 보며 펑펑 눈물을 흘릴 수밖에 없었다. 그가 정계에서 은퇴한 이후에도 우상에 대한 나의 애정은 사라지지 않았다. 여전히 서재에는 김대중이 쓴 책 『나의 길 나의 사상』과 『새로운 시작을 위하여』가 가장 가까운 곳에 손때가 가득 묻은 채 꽂혀 있었다. 대학생 모니터단 활동은 그간의 '덕력'을 폭발시키기에 손색이 없었다.

가까이서 본 김대중 후보는 나이 들고 노쇠해 보였고, 때로는 화장실을 가는 것조차 힘겨워 보이기도 했다. 그러나 자신의 소신을 밝히고 주위를 격려하는 언어는 여전히 유려하고 목소리에 힘이 살아있었다. 젊은이들과 만날 때는 유머를 통해 거리를 좁히려 노력했고 소탈한 태도로 주변 사람들을 챙겼다. 왕성한 식욕으로 유명한 'DJ표 먹방'도 직접 확인할 수 있었다.

원래 대학생 모니터 요원의 임무는 젊은 층의 바람을 대선 캠프에 전달하고 홍보하는 정도였다. 그러나 나는 김대중 덕후로서 한발 더 나아가고 싶었다. 내가 학교에서 배운 것과 '덕질'을 통해 망라한 지식을 총동원해 선거 운동에 나섰다. 그 결과 나온 내 나름의 계획이 '3업(Up) DJ 플랜'이었다. DJ 당선을 위해 3가지를 업그레이드해야 한다고 만든 것이다. 다소 올드한 이미지를 젊고 역동적으로 바꾸고, 단순 인기를 보다 견고한 지지로 진화시키며, 비전을 시대에 맞춰서 업그레이드해야 한다는 내용이었다. 대학생 모니터단과 김대중 후보가 만나는 자리에서 이 내용을 제안했는데, 존경하는 우상 앞에서 내 생각을 이야기하는 것은 신기하고 감격적이면서 떨리는 경험이었다. 김대중 후보는 내 발표를 꼼꼼히 받아 적으며 경청한 후 미처 생각하지 못했던 부분을 지적해줘서 고맙다고 답했다. 어찌 보면 내 제안은 누구나 할 수 있는 당연한 이야기였지만 그래도 대학생의 패기 있는 제안이라고 생각했는지 여러 사람들이 칭찬해주었고 당시 대학생 모니터단을 소개할 때마다 내 제안이 등장하곤 했다.

나는 선거기간 내내 대학생 모니터단의 운영위원으로 새정치국민회의 청년특별위원회와 함께 주요한 의사결정에 참여했다. 당시 당 차원에서도 '뉴(New) DJ 플랜'이라는 것을 통해 과격하고 예측불가능한 사람으로 오해받던 이미지를 서민적이고 친근하게 바꾸는 것이 핵심적 과제였다. "주부 여러분, 김장하시느라 바쁘시지요?"라고 시작했던 그의 TV 연설은 많은 사람들이 기억하고 있다. 그럼에도 나는 여전히 김대중 후보가 가진 진짜 매력이 제대로 드러나지 않고 있으며, 특히 젊은 유권자들에게 다가가기에는 그가 너무 노쇠하고 어려운 사

김대중 대통령 후보의 대학생 모니터단은 최초의 정치인 팬클럽이라고 볼 수 있다. 이후 노무현 대통령의 '노사모', 김근태 의원의 '희망' 등 정치인 팬클럽이 생겼다. 1997년 성균관대학교에서 열렸던 김대중 대통령 후보의 대학생 모니터단 발대식, 나는 대학생 모니터단의 운영위원이었다. (맨 왼쪽이 나)

람으로 비춰지지 않을지 걱정스러웠다.

그런 차원에서 대학생 모니터단의 의미는 남달랐다. 주요 행사에 단골로 불려가서 젊고 역동적 분위기를 만드는 역할을 톡톡히 했다. 지금 생각하면 대학생 모니터단은 국내 최초의 정치인 팬클럽이었다. 당이 선도해서 만들어지기는 했지만 열정과 팬심은 이후 어떤 팬클럽 못지 않았다. 김대중 캠프 대학생 모니터단은 노사모(노무현을 사랑하는 사람들의 모임), 문팬(문재인 대통령 팬클럽) 등으로 이어지는 정치인 팬덤 문화의 원조격이라 할 수 있다.

발대식 때만 해도 100여 명이었던 모니터 요원은 대선이 가까워지면서 1,000명 가까이 늘어났다. 자기가 좋아하는 사람을 위해 자발적으로 나선 사람들의 모임이어서 그런지 다들 의욕이 넘치고 웃음소리가 끊이지 않았다. 또 선거에서 승리해야 한다는 분명한 목적의식이 있어 모니터단의 분위기는 활기찼다.

나를 포함한 모니터 요원들은 차비 한 푼 받지 않고 자비를 들여가며 선거 운동을 했다. 유일하게 지원받은 돈은 『아침새』라는 대학생 모니터단 소식지의 제작 비용이 전부였다. 대학생들은 '구전 홍보단'을 만들어 시장 같은 곳을 다니며 입에서 입으로 김대중 후보가 대통령이 되어야 하는 이유를 말하고 다녔다.

"든든해요, DJ. 지금 IMF로 경제가 어렵고 힘들지 않습니까? 사장이라도 해본, 구멍가게라도 해본 DJ가 대통령이 되는 게 맞지 않습니까?"

내가 얼마나 기여했는지 알 수는 없지만, 김대중 후보는 15대 대통령이 되었다.

대통령 당선 후 대학생 모니터단을 어떻게 할 것인지에 대한 논의가 무성했다. 모니터단을 해체하지 않고 그대로 두어 정권을 감시하고 대통령이 성공적으로 국정을 운영할 수 있도록 일조해야 한다는 주장과, 조직으로 있으면 대통령 당선자에게 부담이라는 의견이 맞섰다. 우리는 치열한 논의를 거쳐 결국 조직을 해체하기로 결정했다. 그것이 대통령 당선을 위해서 함께한 우리들의 순수한 마음을 왜곡시키지 않는 길이라고 생각한 것이다.

돌아보면 아쉬울 것이 없는 시기였고 누군가를 위해 아무 대가 없이 헌신할 수 있는 시절이었다. 나를 포함한 대학생 모니터단은 대통령 당선 후에 어떠한 특혜나 직위도 얻지 않았다. 당선 후 청와대에 초청을 받아서 설렁탕 한 그릇 먹은 것이 유일한 보상이었다. 우리가 바라 마지않았던 대통령의 탄생을 축복하며 각자의 삶으로 돌아갔을 뿐이다. 그를 도와 한 명의 위대한 대통령을 만들어냈던 그 시절은 내 젊은 날의 가장 빛나는 순간으로 남아있다. 그가 임기를 마치고 흙으로 돌아갈 때까지 나는 영원한 팬으로 한결같이 그를 지지했다.

지금 그가 우리 곁에 있다면 얼마나 좋을까. 김대중은 서슬 퍼런 군부독재 시절에 온갖 수난과 고초, 투옥과 고문, 가택 연금과 망명을 겪으며 늘 죽음 앞에 있었다. 그러나 그는 포기하지 않고 타협하지 않았다. '인동초'라는 별명은 그렇게 묵묵히 걸어온 그의 삶을 대변하는 별명이다.

김대중은 오랜 정치역정 끝에 1997년에 마침내 대통령 자리에 올라 민주주의를 발전시키고 IMF를 극복했으며 남북 평화에 길을 열어 노벨상을 받은 위대한 지도자이다. 오늘날 우리가 IT 강국 소리를 듣고 한류의 중심지가 될 수 있었던 데에는 정보통신과 문화예술 분야에 적극 투자한 그의 역할이 절대적이었다. 그가 남긴 것들을 모조리 열거하려면, 이 책의 모든 지면을 들여도 부족할 것이다.

나는 지금도 갈등과 번뇌의 상황에 놓일 때마다 그가 남긴 말을 떠올리며 마음을 다잡는다.

'행동하지 않는 양심은 악의 편이다.'

'서생적 문제의식과 상인의 현실감각을 가져라.'

'무엇이 되는 것이 아니라 어떻게 사느냐가 중요하다.'

민주주의자 김근태

내 인생에 크나큰 영향을 미친 또 한 명의 어른을 언급하지 않을 수 없다. 그 이름은 김근태. 김근태 의원이 세상을 떠난 지 벌써 6년이 넘었다. 나를 포함해 70년대와 80년대에 민주화에 대해 조그마한 상상이라도 했던 사람에게는 절대 잊을 수 없는 이름이지만, 세월이 무상해 어느 날은 그에 대한 기억이 흐릿흐릿해지는 것을 느낀다. 그럼에도 민주주의에 대한 갖가지 질문들을 가지고 살아가는 요즘, 새삼 김근태 의원의 모습이 떠오르는 건 우연이 아니리라.

손학규, 조영래와 함께 서울대 운동권 3총사로 불렸던 김근태 의원은 언제나 나의 영웅이다. 그는 반독재 민주화운동에 투신하며 두 차례나 구속당한 후 1994년부터 제도권 정치에 뛰어들어 김대중 전 대통령과 손을 잡고 정당 생활을 시작했다. 1996년 15대 총선부터 서울 도봉갑에 출마해 2014년 17대 총선까지 국회의원으로 보냈다. 2004년 총선 때 열린우리당이 과반의석을 확보한 후에는 재야와 486 운동권 출신 의원들을 아우르는 계파의 수장 역할을 했다. 2004년에는 보건복지부 장관을 역임하기도 했다. 그는 건강이 악화될 때까지 촛불 집회에 참여하고 한진 중공업 정리해고 사태 해결 등을 위해 시위 현장에 몸을 던지는 것을 주저하지 않았다.

김근태라는 이름에 '고문'이라는 끔찍한 단어가 뒤따라오는 것은 우리나라 민주주의 역사의 아픔이자 현실이다. 나는 그의 수기를 재발간하는 작업에 참여하기도 했는데, 그렇게 해서 세상에 다시 나온 수기를 바탕으로 만들어진 영화가 〈남영동 1985〉이다. 나는 참담함을 견디고 견디며 이 영화를 간신히 끝까지 봤다. 1985년 민주화운동청년연합 의장이라는 이유로 끌려가 남영동 대공분실에서 자행된 고문은 김근태의 일생을 바꿔놓았고, 그를 평생 고문 후유증에 시달리게 했다.

나는 영화의 마지막 장면이 주는 먹먹함을 한동안 곱씹었다. 영화 속에서 고문에 못 이긴 김근태의 거짓 진술을 받아낸 고문기술자 이근안은 "세상이 바뀌면 그때 당신이 나를 고문하라"며 여유를 부린다. 이후 정말 세상이 바뀌어 3선 국회의원이자 보건복지부 장관이 된 김근태는 2004년 교도소에서 수형자와 장관의 관계로 이근안을 다시 만난다. 이근안은 용서를 구하지만 김근태는 아무 말이 없다. 영화는 가타부타 결론을 내려주지 않지만, 배우의 표정과 모든 상황은 김근태가 이근안을 용서하지 못했음을 보여준다. 실제로는 김근태 의원이 이근안을 용서했다고 보는 사람도 있다.

나는 김근태 의원의 본심은 용서하지 못함에 더 가깝다

고 본다. 정치적으로 성공을 거둔 여느 정치인이라면 과거에 자신을 끔찍이 괴롭혔지만 이제는 한낱 범죄자로 전락한 과거 독재정권의 부역자를 짐짓 웃음으로 용서해줄 수 있을지도 모른다. 그러나 언제나 자신에게 솔직하고 역사 앞에 당당했던 김근태 의원은 다르다. 문제는 이근안 한 사람이 아니다. 이근안을 존재하게 했던 그 시대의 가해자들이 이 시대에 버젓이 살아가고 있다. 나는 김근태의 용서 못함에서 '적폐 청산'이 심각하게 논의되는 지금 시대가 가야 할 방향을 읽는다.

내가 일생에서 정치인 팬클럽에 가입한 건 딱 두 번이다. 한 번은 정식 팬클럽은 아니었지만 팬클럽이나 마찬가지였던 김대중 대학생 모니터단, 또 한 번은 김근태 의원 팬클럽인 '희망'이다. 희망에 가입한 특별한 이유는 없었다. 좋아하는 음식을 입에 대고 좋아하는 옷을 찾아 입듯이 김근태라는 인물에 끌려 아무 조건도 대가도 없이 그를 응원하는 활동에 시간을 쏟았다. 뜻이 맞는 사람들이 모인 자리가 언제나 그러하듯 희망 사람들과 함께한 추억들은 모두 즐거움뿐이다. 나는 참여하지 못했지만 팬클럽 사람들은 임진각에서 5·18 광주 묘역까지 자전거로 국토대장정을 하는 등 여러 방법으로 친목을 다지고 이름을 알렸다.

김근태 의원은 삶 내내 물고문 후유증으로 인한 축농증에

김근태의 진정성과 진심이 좋았다. 늘 겸손하고 솔직했던 그분이 어려울 때마다 생각난다. 김근태 의원이었으면 어찌했을까? 2002년 김근태 의원의 한반도 재단 워크숍에 백일도 안 된 장남(올해 고등학생이 된 김강한)을 안고 참석했을 만큼 철부지였고 그분을 좋아했다.

시달리고 고문의 충격으로 병원 진료대에 눕지 못하는 등 외상 후 스트레스 장애와 싸우며 편안한 삶을 살지 못했다. 내가 활동했던 팬클럽 활동이 그에게 작은 힘이라도 되었을까? 팬클럽 활동 중 가장 기억에 남는 행사가 2002년에 있었던 '노란 리본 달기'였다. 노란 리본 달기는 김근태 의원이 민주당 대선후보 경선에서 중도 사퇴했을 때 오후 2시 국회의사당 의원동산에서 그를 격려하기 위해 팬클럽이 준비한 이벤트였다. 지금은 대중화된 노란 리본 달기를 우리나라에서 처음 시도한 게 김근태 팬클럽 희망이다.

노란 리본 달기는 미국의 소설가 피트 하밀(Pete Hamill)이 쓴 글에 착안했다. 그 글의 내용은 이렇다. 출소를 앞둔 한 죄수가 아내에게 편지를 썼다. 차마 당신의 얼굴을 마주할 용기가 없으니 자신을 용서한다면 집 앞의 참나무에 노란 리본을 달아달라고. 한결같은 마음으로 남편을 기다려왔던 아내는 그 동네의 모든 참나무에 노란 리본을 한껏 달아놓았고, 출소해서 이를 본 남편은 감격의 눈물을 흘렸다는 이야기다. 실제 행사에서는 노란 리본에 '김근태의 봄'과 '정치권에 대한 옐로카드'의 의미를 담았다.

이날 행사에서 김근태 의원은 이렇게 말했다.

"역풍에 부딪쳐 뒤로 물러서야 함을 받아들이기 힘들었

다. 그러나 정권 재창출에 힘이 되기 위해 결단을 내렸고, 그 결단이 광주에서 지역을 넘어서는 가능성을 보였다. 국민경선제가 성공해서 정치권에 대한 냉소와 무관심을 딛고 깨끗한 정치가 시작되도록 지켜주고 함께하겠다."

이날 행사의 모토는 '영원히 사랑한다. 희망을 잃지 않겠다. 김근태를 잃지 않겠다'와 '힘내라 김근태, 정정당당 대한민국'이었다. 김근태 의원과 부인 인재근 여사, 김근태 의원을 지지하는 네티즌과 팬클럽 회원, 소설가 조정래, 여러 국회의원 등 500여 명이 참석했다. 행사장은 노란색 리본, 손수건, 풍선, 셔츠 등으로 온통 노란색 물결이었다. 민주화를 온몸으로 이끌어온 그의 고된 얼굴에 그날만큼은 밝은 미소가 가득했던 것으로 나는 회상한다.

그는 진정 착한 사람이었다. 김근태 의원의 여러 일화 중 가장 인상 깊었던 것은 2002년에 있었던 정치자금법 위반에 관한 양심 고백이다. 김근태 의원의 양심 고백은 적어도 내 기준으로는 우리 정치사에서 빛나는 사건 중 하나다. 양심 고백의 전말은 이렇다. 2002년에 김근태 의원이 민주당 대선 후보 경선이 시작되자 2000년 민주당 최고위원 선거에서 중앙선관위에 신고하지 않은 돈 2억 4천만 원을 사용해 정치자금법을 어겼다고 스스로 털어놓은 것이다. 이와 함께 김근태 의원은 권노갑 고문으로부터 2천만 원을 받은 사실도 털어놨다. 누구의 외압이나 의혹 제기, 검찰 수사 등과 전혀 무관하게 오로지 스스로의 양심으로 묻지 않은 사실을 고백했다.

'신뢰 자본(Trust capital)'이라는 말이 있다. 두통약 전문 브랜드 타이레놀은 자신의 회사가 만든 두통약의 문제점을 발견하고는 누군가에 의해 문제가 밝혀지기 전에 스스로 소비자에게 이와 같은 사실을 즉시 알리고 문제의 제품을 전량 회수했다. 그 결과 타이레놀은 경제적으로 막대한 손실을 감수해야 했지만, 덕분에 그 전보다 더 소비자들에게 사랑받는 기업이 되었다. 소비자들 마음속에 정직한 회사라는 믿음을 심어줬기 때문이다. 이는 신뢰 자본의 위력을 보여준 사례다. 김근태 의원은 우리 곁을 떠났지만 그가 우리 정치에 남겨놓은 신뢰 자본을 나는 때때로 든든한 비상금처럼 들여다본다.

공공커뮤니케이션 기획자

박노해를 놀라게 한 대학생

나는 나와 비슷한 시기에 태어나 같은 시대를 살아온 사람들을 'NGO 세대'라 표현하곤 한다. 'N'은 PC통신의 등장과 맞물린 Network의 줄임말이다. 내가 청년을 보낸 시기는 '천리안'이니 '나우누리' 같은 PC통신이 막 열리던 때였다. PC통신을 매개로 한 사랑 이야기인 전도연과 한석규 주연의 〈접속〉 같은 영화가 히트를 쳤다. 'G'는 배낭여행 자유화 조치 등에 따른 'Global'이다. 그 시절 참 많은 사람들이 해외여행을 했다. 특히 유럽은 동경의 대상이자 누구나 가고 싶어하던 곳이었는데, 나는 남들과 달리 첫 배낭여행지로 중국을 선택했다. 백두산 천지와 압록강을 거쳐 베이징, 상하이, 항저우까지 참으로 긴 배낭여행을 다녀온 기억이 여전히 선명하다. 'O'는 압구정 문화로 대표되는 부유한 부모를 둔 'Orange족', 부모 세대가 피땀으로 일군 부를 어렵잖게 누린 세대를 칭한다. 소위 X세대라 불렸던 우리들이다.

이렇게 해서 NGO다. 내 배경도 이 개념에서 크게 벗어나지 않는다. 오렌지족만큼 잘 놀지는 못했다는 게 조금의 차이랄까? 내가 말한 NGO는 비정부기구(Non-Governmental Organization)와는 다르지만 우연찮게도 우리 세대는 NGO에서 일하는 사람들이 적지 않다. 보다 가치 있는 사회 진출을 해야 한다는 고민이 컸고 그 가운데 사회문제 해결에 기여하면서 생활도 이어갈 수 있는 중간 지대 성격의 NGO를 선택한 사람들이 많았다. 네트워크 도구와 글로벌 환경, 그리고 경제적 여유는 이전 세대에 비해 좀 더 자유롭고 창의적인 상상들을 가능하게 해주었다. 우리 세대에는 정해진 루트를 따라가는 게 아니라 나만의 방식으로 세상을 뒤집어본 사람이 많다.

나는 그 변화의 출발이 '질문'이라고 본다. 질문의 힘이 나에게는 중요하다. 어떻게 보면 세상을 살아가는 방식이 질문이라고 해도 과언이 아닐 정도다. 문제를 해결하기 위해선 질문이 필요하다. 질문은 지금 상황에 대한 불만족과 부족함에서 비롯된다. 거꾸로 말하면 현재 상황을 비판적으로 인식할 때 질문이 나온다는 것이다. 좋은 질문이 올바른 답을 찾게 해준다. 내가 6년의 시간을 함께 보낸 박원순 시장님도 늘 "나쁜 질문은 없다. 나쁜 답이 있을 뿐이다"라며 질문의 힘을 강조하시곤 했다.

우리나라 사람들은 질문을 하는 것에 익숙하지 않다. 교실에서 학생이 교사에게 질문을 하는 경우가 거의 없다. 질문이 권위에 도전을 하는 행위라는 인식을 가진 까닭이다. 인간 대 인간의 관계에서 바라보면 질문이 상대의 허점을 드러내는 속성이 있는 것은 사실이다. 종종 강의를 나가보면 나이든 사람들이야 그렇다 쳐도 학생들을 대상으로 강의를 해도 질문이 없는 경우가 잦다. 어느 자리나 괜히 나서서 질문을 하지 말라는 암묵적인 분위기가 무겁게 강의실을 내리누르기 마련이다. 그러나 남의 눈치를 보느라 질문을 하지 않는 건 잘못된 일이다. 질문과 대답 사이에서 불편함을 느끼기보다는 함께 새로운 것을 발견하고 다른 관점을 얻는다는 기대로 부담 없이 질문을 던지고 성의 있게 대답하는 문화가 우리나라에도 정착되어야 한다.

내가 가진 질문의 힘이 본격화된 시절을 회상해보면, 광고기획자로 살았던 20대와 30대 시절이 떠오른다. 대학생 모니터단 활동을 하고 있던 1997년, 나는 김대중 선생님의 대통령 당선에 기여해보자는 마음으로 중앙대학교 총학생회장에 출마했다. 고등학교 시절의 선거 경험과 김민석 의원, 김대중 대선 캠프에서 일한 노하우를 살리면 충분히 가능하겠다는 계산이 있었다. 하지만 학내 기반이나 특출난 경력 없이 총학생회장에 당선된다는 건 어려운 일이었다. 당시만 해도 학생운동권 안에서는 현실정치에 대해 매우 부정적인 시선을 갖고 있었다. 특정 캠프에서 일했던 경력이 도움이 되기는커녕 오히려 부정적으로 낙인이 되기 충분했다. 이미 학내에는 김대중 캠프가 전국 대학생 총학생회장 선거에서 김대중을 지지하는 대학생이 당선되도록 밀고 있다는 소문까지 돌았다.

이런 상황에서 총학생회 활동을 오래하고 고향도 같았던 친구 안진걸(현 참여연대 사무처장)이 찾아와 한 가지 제안을 했다.

"네가 출마를 하면 현실적으로 오해가 심하고 김대중 후보에게도 부담이 클 것 같아. 권력이 목적이 아니라 네가 갖고 있는 생각을 실천하는 것이 목적이라면 나와 함께 총학생회 활동을 해보자."

현실적으로 당선이 만만치 않은 상태에서 괜한 행동으로 김대중 후보에게 흠을 내는 것은 아닌지 걱정스러웠던 나는 그의 제안을 수용했다. 총학생회회장이 아닌 총학생회 내 조직인 '80주년 기념사업위원회' 위원장으로 일하기 시작했다. 그때가 마침 중앙대학교 개교 80주년이었는데, 80주년 기념사업을 총괄하는 역할을 맡았다.

일단 일을 하려니 돈이 문제였다. 개교 80주년 기념사업이라는 게 원래 계획된 사업이 아니었던 탓에 예산이 따로 있는 것이 아니었다. 예산 확보를 위해 우리는 SK텔레콤을 찾아가 학생들의 낡은 삐삐(휴대용 무선호출기)를 학생회 차원에서 모아볼 테니 매입을 해달라고 제안했다. 낡은 삐삐로 인한 환경 문제가 이슈가 되던 시점이었다. SK텔레콤은 본인들이 해야 할 일을 학생들이 한다고 하니 마다할 이유가 없었다. 낡은 삐삐를 받아서 SK텔레콤에 넘기는 일은 생각보다 큰 수익을 남겼다. 학생들은 뭔가 선한 일을 한다는 생각으로 낡은 삐삐를 학생회에 기증했고 우리는 그 삐삐들을 모아서 SK텔레콤에 전달하기만 하면 SK텔레콤이 전량 매입했으니 예산을 모으기란 땅 짚고 헤엄치기였다. 요즘 기업들이 종종 하는 휴대전화 기부와 비슷한 방식이다.

자유롭게 쓸 수 있는 실탄(예산)이 많아진 덕에 나는 눈치보지 않고 사업을 꾸려갈 수 있었다. 그중 명사들을 학교로 초청해 진행한 '80주년 기념 릴레이 특강'이 가장 호응이 좋았다. 당시 대학생 사이에서 가장 인기가 높았던 정치인 김민석 의원을 나의 인연으로 섭외한 것을 시작으로 임수경 씨, 『나의 문화유산 답사기』로 유명한 유홍준 선생님 등 매월 한 사람의 명사를 초청했다.

그중에서도 막 특별사면을 받아서 출소한 시인 박노해 씨를 강사로 초청했던 일화는 나를 아는 사람들 사이에서 아직도 회자된다. 그는 1984년에 시집 『노동의 새벽』을 내면서 우리 사회에 큰 충격을 안긴 노동시인이다. 그의 등장은 한국 문단이나 지식인 사회에 지대한 영향을 미쳤다. 그 후 그는 서울노동운동연합(서노련), 남한사회주의노동자동맹(사노맹) 등의 활동을 통해 실천적 노동운동가로 삶을 이어갔다.

그런 박노해 시인이 사면복권을 받게 되자 대학가에서도 관심이 컸고 많은 학생들이 80주년 특강의 마지막 강사로 그를 추천했다. 그러나 출감 후 수많은 강연 요청을 받고 있는 그를 섭외하기란 쉽지 않아 보였다. 나는 성공회대학교에서 열린 박노해 시인의 강연에 꽃 한 송이를 사들고 찾아갔다. 강연이 끝나고 질문 시간이 되자 꽃을 쥔 손을 번쩍 들었고, 유독 튀는 나를 사회자는 질문자로 지목해주었다.

"출소를 축하드립니다. 시인님의 여러 책을 읽고 감동이 컸습니다. 오늘 이야기도 깊은 울림이 있습니다. 이렇게 감동적인 강연을 제 후배들에게도 들려주고 싶습니다. 제가 다니는 중앙대에서도 강연을 해주셨으면 합니다."

박노해 시인은 강연 내용과 상관없는 대학생의 당돌한 요청에 당황한 표정으로 생각해보겠다고만 했다. 박노해 시인을 곁에서 돕는 조영민(현 이재명 성남시장 비서관) 씨를 알게 된 것도 이때다. 확답을 받지 못한 나는 다시 박노해 시인을 찾아갔다. 예술의 전당에서 특강이 있다는 것을 알고 다시 한 번 그 특강에 참석해 성공회대학교 강연 때와 같은 방식으로 질문을 했다. 지금 생각해 보면 참 집요했다. 나름 80주년 특강의 대미를 멋지게 장식하고 싶은 욕심이 컸던 모양이다. 박노해 시인도 내 마음을 알았는지 결국 특강 요청을 수락해주었다. 덕분에 80주년 기념 릴레이 특강은 그해 첫눈이 내리던 날 대학극장에서 성황리에 마무리됐다. 지금 생각해도 짜릿한 경험이다.

금강기획에서의 배움

동분서주하며 80주년 기념사업까지 마치자 졸업이 다가왔고, 나는 다른 대학생들과 마찬가지로 진로에 대해 고민하기 시작했다. 그러던 차에 광고기획사인 상암기획에서 '애드 팰로우십'이 열린다는 기사가 눈에 들어왔다. 상암기획의 애드 팰로우십은 실무 경험이 없는 대학생들이 기업에 들어갔을 때 생기는 공백을 줄이기 위해 실무 전문가와 대학생을 사전에 만나게 해서 대학생에게는 실질적인 지식을, 기업에게는 보다 유능한 인재를 얻을 수 있게 해주는 것으로 인턴십보다는 조금 가벼운 형태의 프로그램이었다.

기업에서 진행하는 이와 같은 프로그램은 지금에야 흔하지만 그때만 해도 꽤나 혁신적인 시도였다. 그래서인지 애드펠로우십에 참여하려는 사람들이 많아 경쟁이 상당히 치열했다. 다행히 회사가 고등학교 때부터 갖가지 경력을 쌓은 나를 재미있게 보았는지 합격할 수 있었다. 처음에는 회사 선배들에게 배우기만 할 뿐 실제로 회사에 나가 일을 하지는 않았다. 그러다가 정부에서 IMF로 인해 급등한 청년실업률을 낮추기 위해 기업에 인턴 인건비를 지원하는 제도가 생기면서 상암기획에서 나를 아예 인턴으로 채용하겠다는 제안을 했다.

나는 그렇게 'IMF 인턴'으로 첫 사회생활을 시작했다. 사회초년생들이 대개 그러하듯 나 역시 대부분의 시간을 회사에서 보내며 일했다. 서울에서 자취하고 있을 때라 챙겨야 할 가족이 있는 것도 아니었기에, 굳이 집을 오가지 않고 회사 근처 찜질방이나 사우나에서 출퇴근하기도 했다. 그래도 일이 재미있어서 그런지 딱히 힘들지 않았다.

문과 출신임에도 나는 회사에서 인터넷 전문가로 통했다.

그도 그럴 것이 인터넷을 자유자재로 활용하는 사람이 회사 안에 드물었다. 호기심이 많은 성격인 나는 한때 PC방에 죽치고 살았을 정도로 온라인 플랫폼에 익숙했다. 인터넷은 그야말로 무궁무진한 보물이 쌓인 창고와 같았다. Daum(다음) 메일을 만들고 카페를 운영했으며 번개 모임도 추진하면서 서로 연결된 세상의 변화를 체험으로 느끼고 있었다.

당시 나는 인터넷 커뮤니티가 시대를 읽는 하나의 문화 코드가 될 거라고 판단했다. 인터넷 상에서 처음에는 익명의 사람들이 공통의 관심사로 느슨히 결합되어 있지만, 점차 이 결합이 공고해지면서 그 힘은 어마어마할 것이 분명했다. 그렇다면 이러한 커뮤니티를 소개하고 관리하는 마스터가 필요하겠다는 생각을 했다. 그래서 인터넷 커뮤니티를 소개하는 '프리챌 커뮤니티 마스터'라는 이름으로 경향신보에 소개되기도 했다. 나는 커뮤니티 컨설턴트를 자처하며 인터넷 세계에서 꽤나 유명세를 떨쳤다. 그때 만난 커뮤니티 마스터들을 지금도 만나니 인터넷의 인연이 그렇게 가벼운 것만은 아닌 듯하다.

요새는 대부분의 사람들이 포털 사이트에서 키워드를 검색하고 이메일을 만들거나 온라인 커뮤니티를 개설할 수 있지만, 90년대 후반에는 기업인들조차 인터넷에 매우 서툴렀다.

PT(Presentation) 자료를 만들 때도 상사들은 종이를 접어 볼펜으로 도형과 글자를 그려가며 기획안을 짰다. 그때 나는 인터넷을 이용해 멋진 템플릿을 다운받아 PT 자료를 쉽게 만들곤 했는데, 이런 모습이 상사들에게는 신선하게 다가왔던 것 같다.

어느새 나는 회사 내에서 인터넷 전문가가 되어 회사의 모든 온라인 업무를 처리하고 자문하는 역할을 담당하고 있었다. 온라인 마케팅 영역이 점차 중요해지던 시점에서 이에 대한 지식이 있는 사람이 드물었기 때문이다. 그래서 인턴이었는데도 회사의 중요한 용역 사업 TF팀에 합류할 수 있었다. 이 팀은 모 기업이 인터넷으로만 판매하는 PC에 대한 마케팅 대행사를 선정하는 경쟁 PT TF팀이었다. 나는 알고 있는 인터넷 지식을 총동원해 PT 자료 중 온라인 마케팅 부분을 구성했다.

그런데 PT 발표 직전에 발표자가 온라인 마케팅 부분을 잘 모르겠다며 발표에 난색을 표하는 일이 벌어졌다. 온라인 마케팅 파트는 거의 내가 혼자 작성했기에 발표자가 그 용어나 내용에 대한 이해가 없는 상태에서 자신이 잘 모르는 영역을 발표하자니 설득력이 떨어질 것을 염려한 것이다. 결국 온라인 마케팅 파트는 내가 발표를 하게 됐다. 떨리기도 했지만 뭐 별거 있을까 하는 마음으로 용기를 낸 것이다. 원래 이쪽 업계에서 PT 발표는 입봉과 마찬가지라서 상당한 경력이 있는 직원들이 하는 게 관행이다. 그런데 정식 입사도 하지 않은 인턴이 입봉을 했으니 이례적인 일이 아닐 수 없었다.

다행히 나는 선배들의 도움과 응원 속에서 떨리는 가슴을 부여잡고 발표를 무난히 마쳤다. 아쉽게도 우리 회사가 경쟁 PT에 선정되지는 못했지만 정말 소중한 경험이었다. 이를 계기로 나는 상암기획의 정식사원이 되었다. 상암 애드 펠로우십에서 인턴으로, 그리고 이제 인턴에서 사원으로 또 다른 시작을 하게 된 것이다.

상암기획의 정식 직원이 되었던 1999년 후반에는 우리나라가 IMF의 구덩이에서 빠져나와 점차 경기를 회복해가는 중이었다. 벤처기업 바람이 불면서 이직이 잦았는데 마케팅 업계도 예외는 아니었다. 마케팅 기획자들은 대체로 다재다능한 데다가 업무 호환성이 높아 벤처기업들의 주요 타깃이었다. 당시 상암기획의 선배들도 벤처기업으로 많이 이직을 한 터라, 졸지에 신입사원이던 나는 부장급 임원과 직접 실무를 처리해야 하는 위치가 되어버렸다.

작은아버지뻘인 상사와 대면하며 업무를 처리한다는 게 쉬운 일은 아니었지만 기본적으로 회사에서는 나를 스마트한 인재로 여겨 신뢰하고 있었고 나 역시 헌신적으로 일했기에 큰 어려움 없이 일을 처리할 수 있었다. 온라인 분야에 특출한 감각을 가지고 있었다고는 하지만, 사실 나는 전공이 마케팅 쪽도 아니었고 특별한 전문지식도 없는 신출내기에 불과했다. 임원과 직접 마주앉아 온갖 일들을 정신없이 처리한 경험 덕분에 나는 광고기획자로서의 기초 역량을 빠른 시간 안에 쌓을 수 있었다.

그렇게 5개월 정도 지났을까. 나는 문득 상암기획에서 일을 배우는 것에 정체감을 느꼈다. 물론 상암기획도 좋은 회사였지만 내가 하고 싶은 것을 모두 펼쳐내기에는 다소 비좁았다. 온라인 서핑을 좋아했던지라 그때 유행처럼 퍼졌던 온라인 수시채용에 응시를 했다. 몇몇 회사에서 회신이 왔지만 조건이 맞지 않았다.

그러던 중 당시 업계 2위였던 종합광고대행사 금강기획(현 금강오길비)이 수시채용을 시작했고 접수한 지 얼마 지나지 않아 인사담당자에게 연락이 왔다. 금강기획 입사는 일사천리로 이루어졌다. 채용지원서를 넣은 지 사흘 만에 면접을 보러 오라는 연락을 받았고, 면접장에서는 뜻밖에 마케팅 관련 내용이 아닌 특정 시사 문제에 대한 생각을 적으라는 논술 시험을 봤다. 그리고 며칠 뒤 바로 합격 통보를 받았다.

알고 보니 김대중 정부 당시 금강기획과 제일기획에 대통령 PI* 팀을 운영했는데, 금강기획 내 PI팀에 결원이 생겨서 내가 채용된 것이었다. 면접장에서 시사 문제를 물어본 것도 대통령 PI팀에 적합한 인재인지를 확인하기 위해서였다. 평소 존경하던 김대중 대통령의 PI팀에서 일하게 된 것이 너무나 기뻤다. 신기한 인연이었다. 내 인생에서 김대중이라는 이름을 빼놓을 수 없겠구나 싶었다.

금강기획 PI팀은 김대중 대통령 임기 내내 PI 업무를 수행했고, 노무현 대통령 당선 후에도 한동안 같은 일을 했다. 광복절 기념행사에서 단상을 없애거나 대통령이 여름휴가 때 자전거를 타는 모습을 노출하는 등 국민의 눈높이를 맞추는 참여정부의 취지를 살리자는 제안을 한 것이 금강기획 PI팀이다. 그러나 노무현 대통령은 PI 자체를 긍정적으로 보지 않아 결국 팀은 해체되고 나는 다른 부서로 발령을 받았다.

나는 노무현 대통령의 선택을 아직도 다소 아쉽게 생각한다. 그는 PI가 무언가 없는 것을 있는 것처럼 그려내는 기만 행위처럼 이해했다. 자연스러운 게 좋다는 취지였다. 노무현 대통령이 조기숙 홍보수석과의 행사 참여를 두고 벌인 갈등은 퇴임 후에 알려졌는데, 이를 통해 PI를 바라보는 노무현 대통령의 생각을 읽을 수 있다. 행사에 참여할 시간에 국민을 위한

• President Identity의 약자로 대통령, 장·차관, 기업 CEO 등 최고경영자의 이미지와 정체성 즉, 퍼스널 브랜드를 말한다.

정책을 하나 더 만들겠다는 사람이 노무현이었다.

회사와 하나가 되어 내 청춘을 바친 상암기획과 금강기획 시절은 마케팅과 PI 등 전문적인 지식과 회사 생활의 지혜, 각종 인맥을 쌓을 수 있는 기회를 주었다. 그러나 나에게 무엇보다 이때가 소중한 이유는 내가 사회에 질문을 던질 수 있는 실질적인 방법과 관점을 배운 시기이기 때문이다.

마케팅은 '왜?'라는 질문에서 출발한다. 조지 패터슨 베이츠(George Patterson Bates)는 마케팅을 고민하는 사람은 최소한 18가지 질문을 떠올려야 한다고 조언한 바 있다. 소비자가 제품군에서 원하는 것은 무엇인가?, 브랜드 사용자는 누구인가?, 사용자들이 이 브랜드에 원하는 것을 딱 하나 든다면?, 이것은 3년 후에는 무엇일까?, 두 답이 다른가?, 이 브랜드는 왜 존재하는가?, 소비자의 니즈는 다른 어떤 식으로 충족될 수 있는가?, 소비자는 강력한 경쟁사를 어떻게 생각하는가?, 소비자는 이 브랜드를 어떻게 다르게 보고 있나?, 소비자는 이 브랜드가 만족시켜주는 니즈를 무엇으로 묘사하나?, 3년 전에는 어떻게 인식했나?, 전략은 몇 번 바뀌었나?, 현재 광고 커뮤니케이션은 어떤가?, 그것은 당신이 원하는 것인가?, 광고 자체가 갖는 특징이 무엇인가?, 그것이 브랜드의 모든 면을 반영하는가?, 광고 목표를 정기적으로 측정하는가?, 브랜드 성공에 광고가 얼마나 중요한가?와 같은 질문들 말이다.

이 질문들은 영리기업에 유효한 질문들 같지만, 주어와 목적어 몇 개만 바꾸면 우리가 해결하고자 하는 모든 질문들에 적용할 수 있는 것들이다. 이 엄청난 질문들의 끝을 끈질기게 따라가면 자연스럽게 최고의 마케팅, 최고의 대답에 도달하기 마련이다.

이렇게 끊임없이 '왜'를 묻고 늘어지는 과정 속에서 나는 좀 더 과감하고 효과적으로 질문할 수 있는 사람으로 성장할 수 있었다. 민주주의가 말과 글을 통해 자신의 생각을 설득해가는 과정이라고 할 때 그동안 쌓아온 PI와 마케팅 수단에 대한 이해는 내게 큰 힘이 되었다. 내가 가진 말과 글을 세상과 나누는 방법을 습득하는 게 내가 살아온 과정이었던 까닭이다.

PI, 마케팅, 말 모두 지금 사회에서 너무나 중요한 개념들이다. 관련 기술만 있고 내용이 없다면 말은 위험한 선전의 도구가 될 것이다. 아침 이슬을 젖소가 먹으면 우유가 되지만 독사가 먹으면 독이 되는 것과 같다. PI와 마케팅 기술을 바람직한 생각을 갖춘 사람이 활용할 때 우리 사회는 더 나은 세상으로 나아갈 것이다.

공공캠페이너 : 공익적 전문가의 길

대성공을 거둔 금연 광고

대통령 PI 업무가 없어지자 금강기획 공공캠페인팀은 부처와 자치단체의 캠페인 용역을 수주하는 일로 전환했다. 공공캠페인팀에서는 공공정책을 홍보하는 일이 주였지만 봉사와 나눔을 기반으로 하는 홍보물도 많이 만들었다. 순수한 공익 목적의 활동이 좋긴 하지만 그렇다고 수익을 내는 공익 광고 제작을 소홀히 할 수 없었다. 자연히 이 시기에는 광고란 무엇이며 어떤 광고를 만들어야 하는지에 대한 생각을 많이 했다.

내가 생각하는 좋은 광고의 첫 번째 포인트는 '공감'이다. 광고에도 좋은 광고와 나쁜 광고가 있다. 유감스럽게도 자동차나 아파트 광고에 나쁜 광고가 많다. 이런 광고들은 가진 자와 못 가진 자를 은연중에 분리해 위화감을 조성하고 열등감을 불러일으킨다. 기획자라면 당연히 좋은 광고를 만들고 싶어할 것이다. 그래서일까? 일반 상업 광고를 만들 때보다 이곳에서 공익 광고를 만들 때 훨씬 즐거웠다. 나만 그런 게 아니라 팀원 모두가 그랬다. 자발적으로 하는 일인 데다가 누구를 이기고 앞서야 한다는 부담이 없고, 무엇보다 올바른 가치를 지향했기 때문일 것이다.

가장 인상 깊었던 작업은 금연 관련 공익 광고 캠페인이었다. 내가 속해 있던 팀이 금연을 주제로 광고를 제작하는 정부 사업을 따내면서 시작된 일이다. 공익 광고라고 해서 뻔하고 하품 나는 광고를 만들고 싶지는 않았다. 관점을 바꿀 필요가 있었다. 기존의 공익 광고는 모든 사람과 소통하려고 했다. 좋은 일이니 모두 동참하자는 식이다. 반면 기업이 광고를 만들 때는 타깃을 정하고 그 타깃의 기호에 맞는 광고를 만든다. 그래야 효과가 높기 때문이다. 전 국민을 대상으로 해서 광고를 만들면 의미는 좋을지 몰라도 애매한 광고가 나올 수밖에 없다.

금연 광고를 구상하던 때는 행정에도 조금씩 변화의 바람이 불던 시기였다. 정책 내용은 국민을 대상으로 한 서비스로 변화했고 '공보(公報)'라는 단어가 사라지고 그 자리를 '홍보(弘報)'가 차지했다. 국민에게 일방향 메시지를 전달하던 때를 지나 국민과의 쌍방향 커뮤니케이션 시대가 열리던 차였다. 공익 광고 역시 상대방이 듣든 말든 모범답안 같은 메시지를 툭 던지고 돌아서는 일방향의 광고로는 곤란하다고 생각했다.

'좋은 정책인데 제대로 알려지지 않아서 문제다', '국민들에게 제대로 알리려면 어떻게 해야 하나'와 같은 관가의 푸념 어린 목소리는 매년 반복되어 왔다. 당시 정부는 이를 해결하기 위해 나름대로 다양한 실천적 해법을 내놓았고 그 소중한 결과물들이 하나하나 성공 사례로 나타났는데, 그중 가장 눈길을 끈 것이 정책 광고 분야의 괄목할 만한 변화였다. 과거 관행으로 비춰볼 때 광고 제작을 종합광고회사에 의뢰한다는 것 자체가 변화를 보여주는 단초였다. 특히 공기업이 아닌 정부 부처의 광고물은 여러 가지 여건상 프로덕션을 중심으로 제작되어왔다.

이러한 변화 덕분에 우리 팀은 정부가 의뢰하는 공익 광고, 그중 금연 광고 제작의 기회를 잡을 수 있었다. 금연 광고 제작을 준비하면서 먼저 금연 광고물이 갖는 위상을 생각하며 마음을 다잡았다. 다수의 광고인들이 인정하듯 금연 광고는 단일 소재로 가장 많은 국가에서 제작되고 있는 정책 광고이다. 그러기에 그 나라의 크리에이티브 경쟁력을 알 수 있는 바로미터 역할을 한다. 이전까지 우리나라의 금연 광고는 대개 지나치게 계몽적이고 연예인이나 명망가 등의 홍보대사를 중심으로 교훈적 메시지를 전달하는 방식이었다.

우리 팀은 이를 벗어나고자 소구 대상을 보다 좁히고 영상에 대한 수용성과 탄력도가 높은 타깃을 고민하다가 이제 막 담배를 피우기 시작한 초기 흡연자를 핵심 타깃으로 삼았다. 공익 광고가 효과를 내고 공공커뮤니케이션이 성공적으로 이루어지려면 단지 전달되고 끝나는 게 아니라 대상의 행동을 바꿀 수 있어야 한다고 판단했다. 20대는 합법적으로 흡연이 가능한 가장 젊은 연령이면서 사고의 유연성이 높은 계층이다. 이들이야말로 금연 광고를 보고 흡연을 시작하지 않거나 금연을 결심할 확률이 높은 사람들이라고 생각한 것이다. 이러한 생각이 바탕이 되니 타깃에 대한 마케팅과 더 깊이 있는 탐구가 가능해졌다. 예를 들어 기존 금연 공익 광고들은 암이나 죽음에 대한 경고가 주를 이루었다. 하지만 20대에게는 암에 대한, 죽음에 대한 수용성이 낮다. 현재의 위협이 아니기 때문이다. 오히려 기억력 감퇴, 입 냄새, 치아 변색, 피부 노화가 더 크게 와닿는다.

이어 각국에서 제작된 우수한 크리에이티브와 광고물의 흐름들을 분석해 제작 방향을 정했다. 그렇게 정해진 원칙은 다섯 가지였다. 첫째, 정책 광고는 정책의 목표 달성을 위해 도움이 되어야 한다. 둘째, 건강에 대한 염려로 금연을 결심하는 흡연자가 절대 다수인 만큼 건강 문제를 피해가지 말자. 셋째, 건강 문제를 얘기하되 혐오스러운 영상을 피하고 절제되고 세련되게 얘기하자. 넷째, 니코틴 중심의 흡연 폐해에서 벗어나 새로운 논쟁거리를 통해서 금연을 사회 의제화하자. 다섯째, 흡연 자체를 부정적으로 상징화 하자는 것이었다.

이런 제작방향에서 흡연을 '자학'으로 정의 내리고 흡연하는 행위를 스스로 머리를 때리고, 탁자에 얼굴을 비비고, 맨홀에 얼굴을 처박고 숨을 쉬는 행위 등으로 부정성을 상징화 시켰다. 이어진 2차 캠페인도 위의 원칙을 지키되 흡연하는 사람들의 심리인 '내가 좋아서 피는데 뭔 상관인가? 죽어도 내가 죽지'라는 생각을 깨기 위한 노력을 추가했다.

실제 광고는 이런 식이다. 카페에 혼자 앉아있는 여자가 갑자기 얼굴을 테이블에 격렬하게 비비기 시작한다. 시청자들이 의아해할 때쯤 '한 대 피우는 중이군요'라는 카피와 함께 '담배는 피부에 치명적'이라는 경고성 자막이 등장한다. 이 광고가 점차 증가하고 있는 여성 흡연자들을 타깃으로 민감한 피부에 끼치는 담배의 악영향을 지적한 '자학 피부 편'이다.

이 광고에서는 담배가 등장하지 않는다. 유명 연예인도 필요 없다. '청소년 여러분! 여러분의 미래를 위해서 담배를 멀리하세요'라는 식상한 멘트도 나오지 않는다. 그렇다고 이해하는 데 노력이 필요한 광고도 아니다. 대부분의 금연 광고들처럼 스토리텔링을 많이 내세우지도 않았다. 하지만 메시지는 확실하다.

또 다른 광고에서는 '세상과의 이별'이라는 것을 사랑하는 사람과의 헤어짐(죽음)을 통해 보여주었다. 딸을 보내야 하는 어머니, 남편을 보내야 하는 아내, 사랑하는 사람을 보내야 하는 여자의 감정을 절제된 영상으로 보여줌으로써 흡연에 대한 부정적 인식을 형성하고, 흡연을 선택하는 건 자신이지만 그것으로 고통받는 타인이 있음을 떠올리게 했다.

두 광고 모두 기존 상업 광고들의 빠른 전개를 따르기보다는 1컷 1씬 기법을 통해서 메시지 전달력을 극대화하기 위해 노력했다. 또한 1차 캠페인(자학 편), 2차 캠페인(이별 편)을 동일한 콘셉트를 적용한 멀티스팟(Multi Spot) 광고로 제작하고 매체 운용 프로그램의 특성에 따라 배치함으로써 메시지가 효과적으로 전달되도록 했다.

새로운 금연 광고에 대한 반응은 뜨거웠다. 광고가 특출나게 훌륭했다기보다는 기존 관행을 깬 것에 대한 평가가 좋았던 것 같다. 광고는 전문가들에게도 호평을 받았고, 주요 언론에 보도되고 포털 사이트들에서도 인기검색어로 올라 방송 프로그램에서 패러디하는 사례까지 나타났다. KBS 뉴스는 변화된 금연 광고에 대해 집중적으로 다루기도 했다. 우리 광고는 광고 포털에서도 기업광고와 어깨를 나란히 할 정도로 신선한 정부 광고로 평가받았다.

종국에 이 광고는 '대한민국광고대상'을 수상했고 '소비자가 뽑은 좋은 광고'에 선정됐다. 공공광고가 광고대상에서 수상한 건 이례적인 일이었다. 주로 독특한 아이디어를 내세운 기업 광고가 상을 받아온 까닭이다. 이를 통해 우리나라도 공익 광고의 수준이 일반 기업 광고와 견줄 만큼 경쟁력이 커졌다고 평가를 받게 되었다.

일본 어느 섬의 원숭이 무리는 원래 모래나 흙이 묻은 고구마를 먹었는데 그 중 한 마리가 흙 묻은 고구마를 바닷물에 씻어 먹기 시작하자 그 섬 안의 원숭이는 물론 다른 지역의 원숭이들까지도 모두 고구마를 씻어 먹게 되었다는 이야기가 있다. 공익 광고가 개혁되고 진화되는 순간, 그 창발(創發)의 시점에 우리가 만든 금연 광고가 있다고 하면 너무 앞서가는 말일까? 우리 팀의 금연 광고는 성공적인 모델로 보건복지부 내에서도 회자되었고 이후 보건복지부의 변화된 크리에이티브들이 속속 등장했다.

금연 광고에 이어 치매·중풍 노인을 국가에서 돌봐주는 정책인 '노인요양제도'를 알리기 위한 광고 제작 의뢰가 들어왔다. 사실 금연 캠페인 제작보다 어려운 미션이었다. '하지 마라'는 것보다 '좋은 일이니 같이 하자'는 것이 더 어렵기 마련이다. 또 정책에 대한 국민적 공감대를 얻고 정책 집행의 저항을 최소화하기 위한 사안인 만큼 신중한 접근이 필요했다. 게다가 제한된 예산 안에서 소기의 목표를 달성하기 위한 묘책이 필요했다.

먼저 광고의 화제성을 위해서 보건복지부 장관을 출연시키기로 결정했다. 과거 장관들이 광고에 출연해서 성공한 사례가 없고, 지나치게 자신의 매명(賣名)을 위한 행위로 비춰져 국민들 사이에 부정적 인식이 팽배해 있었기에 망설여지는 부분도 있었다. 하지만 일단 이미 추진되고 있는 정책이 아니라 입법화 전 단계에서 국민들에게 취지를 알리고 공감대를 얻기 위한 사안인 만큼 정책 추진 의지를 강하게 드러낼 필요가 있었다. 우리는 과거 장관 출연처럼 주연이 아니라 뒷모습과 목소리만 나오는 조연이란 점을 강력하게 주장해서 당시 김근태 장관을 설득했다.

그렇게 해서 나온 TV 광고의 내용은 이렇다. 김근태 장관이 달동네 골목길에서 흘러나오는 노랫소리를 따라 걷다가 허름한 집에 도착해 방문 앞에 흐트러져 있는 하얀색 고무신을 가지런히 정리하면서 '치매·중풍 노인을 아무도 돌볼 수 없다면 대한민국이 돌봐야 합니다'라고 말하는 것으로 끝난다. 전문가의 입장에서 보면 해당 부처 장관의 정책 광고 출연은 권장

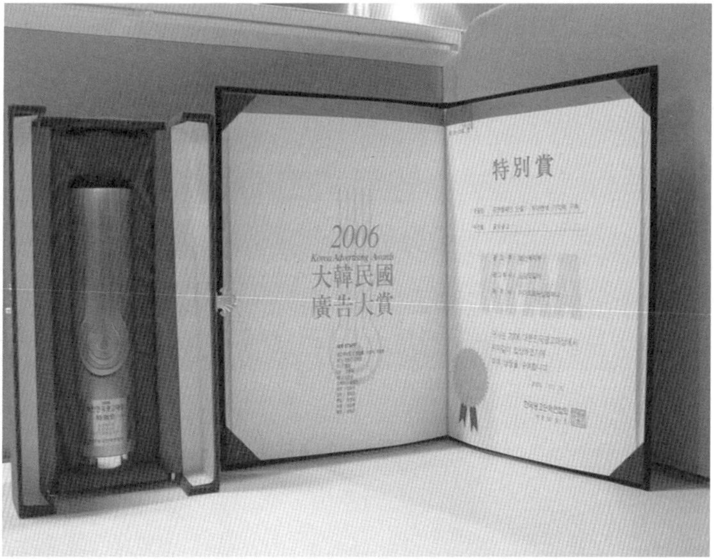

금강기획 공공캠페인팀 재직 당시 금연 캠페인을 기획해 받은 대한민국광고대상 특별상. 오늘의 공공캠페이너 김현성의 명성을 만들어준 소중한 상이다. 동일한 금연 광고로 '소비자가 뽑은 좋은 광고'에 선정되기도 했다.

되어야 하는 사항이다. 효율성과 효과성을 잘 살릴 수 있는 면이 있기 때문이다. 결과적으로 이 광고 역시 장관이 출연하며 시청자에게 신뢰감을 충분히 전달한 광고로 평가받으며 성공적으로 마무리되었다.

광고회사를 세우다

성공적인 금연 광고 제작 이후 나는 점차 공익 광고, 정책 광고에 대한 나름의 소신과 진보적인 관점을 가진 광고인으로 자리잡을 수 있었다. 정책 광고에 대한 내 생각은 분명하다. 일단 홍보와 광고 사이의 작지만 큰 차이에 대한 이해가 필요하다. 특정 정책 관련 홍보를 담당하는 사람들 중에는 홍보를 광고의 상위 개념으로 생각하고 이야기하는 경우가 종종 있다.

그러나 전체적인 예산으로 보나 파급력으로 보나 홍보보다 광고의 영향력이 크다는 것은 누구나 인지하는 사실이다. 민간기업에서 홍보팀과 광고팀이 별도의 조직으로 구성되어 있는 것은 시사하는 바가 크다. 통합정책홍보(IPC, Intergrated Policy Communication)를 통해 홍보 사각지대를 최소화해야 된다. 또한 메시지를 전달받을 국민의 라이프 사이클을 면밀히 분석하고 전달하고자 하는 메시지를 일관성 있게 그리고 다양한 홍보 수단을 통해 전방위적으로 홍보해야 한다.

그뿐만 아니라 광고 제작에 못지않게 그것을 어떻게 전달할 것인가도 중요하게 다뤄져야 한다. 기업들이 제작비 부담에도 불구하고 왜 몇 편의 광고를 동시에 제작하는지에 대해서는 진지한 고민이 필요하다. 그리고 정책 홍보는 사업이 수립되는 단계부터 함께 계획되고 실행되어야 한다. 이미 모두 만들어진 정책을 어떻게 홍보할 것인지 사후에 고민하는 게 아니라 처음부터 정책과 그에 따른 홍보 계획을 함께 세워서 시너지 효과가 나타나도록 기획해야 한다. 또한 크리에이티브 부문은 내부 결재 과정을 단순화하고 전문가들의 창의력이 발휘될 수 있는 환경을 조성해주는 것이 가장 중요하다. 광고를 실제 제작하는 민간 전문가들이 정책을 결정하는 조직 내부의 마인드와 동일하다면 광고는 성공하기 힘들다.

결국 이와 같은 새로운 공익 광고의 등장, 정책 홍보의 혁신은 기존의 틀을 깨는 것에서부터 시작되었다. 여기에 기업 광고의 앞선 기법이 도입되고, 소신 있게 일하는 해당 부처의 담당 공무원들이 든든한 지원군이 되었다. 꽤 오래 전 이야기지만 지금 상황에서도 크게 다르지 않을 것이다. 결과적으로 공익 광고 제작 경험은 나에게 새로운 가능성과 진정한 즐거움이 무엇인지에 대해 알려주었다.

나는 광고가 마케팅 수단이 아닌 '사회 갈등의 해결 과정'으로서 활용될 수 있다는 믿음을 가지고 2008년 회사를 나와 공공 영역 전문 기획회사인 '유브레인커뮤니케이션즈'를 설립했다. '유브레인(UBRAIN)'은 금강기획을 다니면서 커뮤니케이션을 통한 공공 문제 해결에 기여하고자 하는 대학생들의 모임 이름이었다. 젊은 브레인이자 당신의 브레인이라는 중의적 의미가 있다. 대학생 공부 모임을 진행하면서 언젠가 회사를 만들게 된다면 '유브레인'이라고 해야지 했던 것이 6년 만에 현실이 됐고, 함께 공부했던 학생 몇 명이 학교를 졸업하고 회사의 직원으로 함께했다. 기업 마케팅과 홍보 대행이 주류인 광고 업계에서 공공 분야 수주 원칙을 고수하며 회사를 운영했고, 나는 광고회사의 대표이자 공익 전문가로서 활발히 활동하기 시작했다.

유브레인커뮤니케이션즈를 만든 중요한 질문은 세 가지다. '광고, 홍보, 마케팅 등 그간의 경험들이 보다 가치 있는 곳에 활용될 수는 없을까?', '커뮤니케이션은 기업이 당면한 문제 해결의 중요한 수단으로만 의미가 있는 것일까?', '사회 문제 해결에 커뮤니케이션은 어떤 역할을 할 수 있을까?' 이런 질문에 답을 찾아가며 국회에서 심포지엄도 열고, 보건복지부, 고용노동부, 환경부, 경기도, 서울특별시, 산림청 등 여러 부처와 지방자치단체에서 진행하는 크고 작은 일들을 가리지 않고 해냈다. 또한 시민 영역 및 지방자치단체의 커뮤니케이션 경쟁력을 높여야 한다는 생각에 불러주는 곳이면 언제 어디고 달려가 말을 보탰다. 부끄러운 액수이긴 하지만 수익의 일부를 사회에 환원하는 일도 놓치지 않았다.

지금이야 웃으면서 회상하지만 당연히 홀로 세상에 나와 사업을 일궈내는 일은 쉽지 않았다. 중요한 경쟁 PT에서 연패를 했는데 나중에 알고 보니 경쟁을 하기도 전에 승리가 내정되어 있는 경우도 있었다. 그러나 그걸 핑계로 삼고 싶지는 않았다. 정치적 수법으로 승자가 결정된다는 것은 어떻게 보면 우리의 실력이 상대를 압도하지 못했기 때문에 생긴 일이다. 자꾸 문제를 밖에서 찾게 되면 거꾸로 통제력을 잃게 된다. 물론 패배한 책임에서 자유로워지니 마음이야 편할 수 있을지 모르지만 결과를 영원히 바꾸지 못할 수 있다. 나는 고등학생 시절 "네가 원하는 대로 전과를 해서 네 책임으로 세상을 살아가라"고 조언했던 상담 선생님의 말을 떠올리며 회사를 운영하는 내내 '모든 것은 우리 안에서 찾고 우리가 해결해 나가야 한다'고 생각하며 버텼다.

유브레인커뮤니케이션즈를 보다 잘 설명하기 위해 당시로는 꽤나 신선했던 회사 채용 공고문을 인용해본다.

유브레인커뮤니케이션즈에서는 일반적인 채용과정에서 중요하게 생각하는 모든 스펙을 불문하겠습니다. 다만 아래의 조건을 갖추신 분이라면 더욱 더 환영합니다.

- 위 회사의 꿈과 본인의 꿈의 교집합이 큰 사람
- 읽을거리 없이 대중교통을 탔을 때 불편한 사람
- NGO에서 활동가로 활동했거나 NGO 활동에 직·간접적으로 참여해본 경험이 있는 사람
- 어느 곳에서든 잘못된 것을 개선하려고 노력하는 사람
- 자기의 생각과 관점을 말과 글로써 조리 있게 전달하는 것을 즐기는 사람
- 자신이 살고 있는 지역의 구의원, 시의원, 구청장, 시장, 국회의원 정도는 알고 있는 사람
- 내가 가진 시간과 돈, 재능 등의 일부는 내 것이 아니라고 생각하는 사람
- 자신이 처한 현재의 상황에 만족하고, 더 못한 이웃과 지인을 위해 마음 쓰는 사람

- 타인의 아픔에 등 돌리지 않는 사람
- 새로운 소통수단(트위터, 페이스북 등)이 나오면 가장 먼저 활용해보는, 세상에 대한 호기심이 너무 많은 사람
- 베스트셀러, 유행하는 드라마, 노래, 영화배우 등에 대한 이야기를 나눌 수 있는 사람

나는 이러한 조건에 부합하는 이들을 '함께 꿈꾸는 이'라는 뜻에서 '꿈동지'라 이름 붙이고 성장에 매몰되기보다는 구성원의 만족감과 행복감을 최우선으로 하는 회사를 꾸리기 위해 한발 한발 움직였다.

다양한 공익 활동, 그리고 유브레인

내 직함 앞에 '공익 전문가'라는 타이틀을 내걸게 된 이유는 단순하다. 내가 가진 아이디어를 사회문제를 해결하는 데 쓰고 싶기 때문이다. 세상은 연결되어 있고 내가 전문가로서 존재하기 위해서는 사회가 제대로 존재해야 한다. 그런 관점에서 스스로가 획득한 전문성을 나의 이익으로만 쓰기보다

는 사회적으로 기여하는 게 자연스러운 수순이라는 생각이다. 커뮤니케이션을 단순 기업의 마케팅 기법이 아닌 사회적 문제를 공동으로 해결해가는 수단으로 사용하길 원한다.

그런 취지로 의사들이 의술로 무료 의료봉사활동을 하듯이 내 전문성인 커뮤니케이션 기술로 사회 공헌을 할 수 있는 방법을 찾다가 첫 번째로 시작한 일이 대학생들을 대상으로 한 무료 교육이다. 커리큘럼은 실용성을 강조하되 궁극적으로는 학생들이 자신의 꿈을 찾아가는 데 도움이 되도록 기획했다. 공익적 사회 진출을 꿈꾸는 대학생들의 모임 '유브레인'은 그렇게 시작되었다. '전문가는 전문성 발휘의 토대가 되는 사회의 유지 발전에 일정 정도의 책임을 공유해야 한다'는 비전을 바탕으로 2003년부터 매년 기수 방식으로 꾸준히 모임을 꾸렸다. 이 모임이 자신의 가치를 사회에 환원하고자 하는 젊은이들을 위한 소통의 장(場) 역할을 하길 원했다.

유브레인은 나를 포함해 종합홍보대행사 KPR의 신성인 사장, C&A Expert의 김경태 원장, 공익광고연구모임 MESSAGE의 하용만 회장 등 광고·홍보 분야를 아우르는 전문가들과 그 외 많은 인사들과 함께 만들었다. 'PR의 이해와 실무자가 바라본 PR', '프레젠테이션 스킬' 강의 등 청년들이 흥미 있어 할 주제의 강의는 자신의 전문성을 사회에 환원하려는 다양한 전문가들의 동참으로 이루어졌다.

꿈을 이루기 위해서는 꿈을 단단하게 하는 것이 중요하기 때문에 나는 강의를 하면서 종종 꿈의 근육을 키우기 위한 이야기를 했다. '꿈이란 것은 일찍 꾸고 지속하면 이뤄지더라'를 강조했다. 그리고 그것을 위해 어떤 노력을 해야 하는지를 이야기해줬다. 특히 청년들에게 근거 없는 긍정성과 자신만의 성공 사례 창출을 강조했다. 부정적인 생각은 절대 성공을 만들어낼 수 없고 바보스러울 만큼의 긍정성으로 무장한 사람들이 성공한다는 게 내 지론이기 때문이다. 또 실패를 딛고 배워가는 것도 좋지만 계속된 실패는 자신감을 떨어뜨리기 쉬우니 자신이 해결할 수 있는 문제를 잘 설정하고 크든 작든 성공의 경험을 쌓아야 한다고 조언했다.

유브레인을 한 기수씩 배출하면서 시민단체들과도 여러 프로그램을 진행했다. '공익단체의 얼굴이 환해집니다(NGO Identity Remodeling)'라는 프로그램은 정기적으로 NGO를 선정해서 커뮤니케이션 전문가들이 로고와 슬로건부터 그 외 커뮤니케이션 관련 부분을 자문·조언해주고 제작까지 해주는 일이었다. 지원은 기부 포털 사이트 '해피빈'을 통해 받았는데 엄청나게 많은 분들이 호응해주었고 NGO의 반응도 뜨거웠다. 하지만 인력과 시간의 한계로 80여 개의 신청 단체 중 3개의 NGO만 선정해야 해서 안타까웠다. 이 일을 함께 진행한 공익적 전문가 그룹은 나와 평소 친분이 있던 광고·홍보 전문가들이 주력이었다. 디자인하우스의 임인섭 본부장, 광고회사 Lee&DDB의 이승혁 차장, KPR, 메타커뮤니케이션 등 홍보 업체 관계자들이 참여했다.

디자인은 선정된 단체와 전문가 그룹이 만나 단체의 사명과 활동을 공유하는 오리엔테이션을 갖고 자료 수집과 토론, 시안에 대한 논의를 거쳐 수정·보완하여 완료하는 방식으로 진행했다. 그 결과 '함께하는 시민행동', '전북성매매여성인권지원센터' 등 시민단체 3곳의 로고를 무료로 교체하는 작업을 했다. 일반 중소기업의 로고를 교체하는 데 최소 300여만 원이 드는 것을 감안하면, 금액으로는 1,000만 원에 가까운 기부를 한 셈이다. 이외에도 NGO를 대상으로 온라인 홍보 개념이나 홍보 능력 향상을 위한 다양한 무료 강의를 진행하며 단체 사업을 공감시키는 방법, 언론 미디어를 이해하는 요령, 소비자 요구를 파악하는 마케팅 프로세스 등을 꾸준히 안내했다.

2010년부터는 희망제작소가 기획한 '모금전문가학교'에 후원을 하는 형태로 참여해 현장에 맞는 전문적인 모금 실습 과정을 지원했다. 비영리단체의 지속가능한 경쟁력과 안정적인 재정 확보를 위해 체계적인 이론과 기술, 현장 모금 실습 과정까지 경험하게 해주는 프로그램이었다. 수료식 때는 수료자 한 명을 선정해 유브레인 명의의 장학금도 지급했다. 그중 2기 장학생은 졸업생 50여 명과 강사, 운영진 모두에게 감사의 편지와 함께 만 원짜리 상품권 두 장을 선물했다. '만 원은 당신 자신을 위해서 쓰고, 나머지 만 원은 남을 위해서 쓰세요'라는 메시지를 함께 전했는데, 그때의 감동은 지금도 잊히지 않는다.

젊고 발랄한 아이디어들을 만난 모금전문가학교에 대한 기억은 온통 즐거운 추억들뿐이다. 동물보호시민단체 지원 모금, 척수장애인들의 체육대회 운영 기금 마련, 한국수중환경협회를 위한 모금, 영유아통합지원센터 장난감도서관 마련, 소기업 유통 지원, 청소년인문학 도서관 설립 기금 마련 등을 위해 참여자들은 성심성의껏 각자의 재능을 발휘해 훌륭히 미션을 수행했다.

세상의 많은 일이 그러하듯 공익 활동도 세상과의 소통인 만큼 기본적인 생각의 틀과 관점을 가져야 한다. 내가 생각하는 공익적 커뮤니케이션의 핵심은 '인식'이다. '사실'이 아니라 '인식'과 싸워야 한다. 따라서 제대로 된 활동을 하려면 사람들이 세상을 어떻게 인식하고 있는지를 아는 것이 선행되어야 하고 모든 것은 조사된 인식에 따라 진행하는 것이 최선이다.

커뮤니케이션에는 대상과 대상의 행동을 변화시키려는 목적이 있다. 공익 활동의 대상을 명확히 할수록 전략도 분명해진다. 그러면 구체적인 행동의 요구가 가능해진다. 내가 진행한 나눔이 성공적이었던 것도 구체적으로 무엇을 해야 하는지 기부사들에게 정확히 알려주었기 때문이다. 금연 광고도 마찬가지다. 누구나 알고 있는 담배가 해롭다는 사실을 의미 없이 반복하기보다는 광고의 대상이 구체적으로 두려워하는 걸 드러낼 때 광고의 효과가 있다.

이제 소통의 중요한 흐름이 SNS가 된 만큼 미디어 환경이 어떻게 변하고 있는지 지속적으로 관심을 가질 필요가 있다. 이제는 콘텐츠만 있으면 누구든지 미디어가 될 수 있는 시대다. 소통의 방식이 바뀌면 인식도 바뀌기 마련이다. 뉴미디어 환경에 의해 생긴 새로운 인류와 어떻게 호흡하고 소통할 것인가는 공익 활동에서도 중요하다.

소통이 화두인 지금의 사회는 책임 있는 전문가 집단의 지속적인 실천을 요구로 한다. 단순히 일만 잘 하는 일꾼이 아닌 사회와의 소통을 통해 공익적 전문가가 되는 것이야말로 21세기의 새로운 전문가상을 제시하는 것이다. 자신의 전문성이 발현되고, 전문성의 기반을 만들어준 사회의 유지 발전은 전문가들 모두가 함께 고민하고 기여해야 할 일이다. 이제는 공익적 전문가가 사회의 보편적 개념으로 자리잡아야 한다.

나는 여전히 스스로를 공익 전문가라고 여긴다. 그리고 주변 사람들에게 남과 다른 전문가, 공익적 전문가가 될 것을 권하고 다닌다. 그리고 개인이 아닌 다수가 함께 나눔을 고민하는 세상이 오길 바란다. 누구나 그런 고민에 동참해주길 바라지만, 특히 나와 인연이 있는 커뮤니케이션 전문가들이 나눔과 연관된 가치 있는 전문가가 되는 세상을 꿈꾼다. 언제나 그러했듯 이 꿈은 모두의 꿈이 되고 현실이 될 것이라 믿어 의심하지 않는다.

2부 더 나은 혁신은 없는가

강을 버려야 바다가 되고
꽃을 버려야 열매를 맺나니
다른 결과를 원하면서 같은 방법을 반복하는 것은 어리석은 짓이다.

華

트윗나눔 :
새로운 기부를 개척하다

나눔은 이기적 행동

한창 '우분투(UBUNTU)'라는 말이 유행한 적이 있다. 우분투는 아프리카 코사(Xhosa)어로 '네가 있기에 내가 있다(I am because you are)', '함께 있기에 내가 있다(I am because we are)'라는 의미를 지닌다. 이 말의 뜻을 아는 아프리카 소년들이 학교 달리기 경주에서 먼저 달려가지 않고 몸이 불편한 친구의 손을 잡은 채 나란히 결승선을 통과했다는 훈훈한 미담도 따라온다. 이런 이야기를 들으면 입가에 미소가 돌다가도 끝맛이 어째 씁쓸하다. 그렇다. 아주 먼 나라의 이야기다.

어떻게 보면 오래 전에도 있었음직한 고전적인 이야기가 급속도로 번진 까닭은 간단하다. 경쟁 사회에 지친 우리네 사람들은 이제 이런 뻔한 이야기라도 듣고 싶어 하는 것이다. 우리나라에서 있었던 일이라면 의심부터 했을 사람들도 아프리카 어디의 이야기라면 고개를 끄덕이고 씁쓸한 마음에 속으로 혀를 찬다. '참 좋은 이야기인데 여기서는 어림없지'라며 말이다. 다같이 가보자고 손을 잡는 순간 어느 누군가 쌩 하고 튀어나가 1등을 독차지한다. 착한 사람이 손해 보는 세상. 이것이 우리 사회의 슬픈 공감대다.

그럼에도 나는 뭇 사람들의 마음을 흔드는, 함께 사는 삶에 대한 동경과 존경에 주목해야 한다고 말하고 싶다. 무수한 의심과 고통, 그리고 상처 속에서도 사람들은 그것이 옳고 안전하며 마음 따뜻한 일이라는 것을 안다. 그렇기 때문에 '우분투'라는 글자는 동화책 속에 박제되지 않고 시사의 한자리를 차지했다. 당신의 마음에 분명히 존재하는 함께함을 외면하는 것은 엄연한 직무유기다. 그래서 함께 사는 삶에 관한 현실과 이상의 중간쯤에서 '기부'라는 말을 꺼내본다.

빌 게이츠(Bill Gates)의 기부를 들어보았는가. 세계에서 가장 부자라는 이 사람은 요즘 자신의 돈을 좋은 일에 쓰는 데 재미가 들린 듯하다. 그가 만든 '빌&멀린다 게이츠 재단(Bill & Melinda Gates Foundation)'은 연간 몇 조 원 규모의 돈을 써가며 질병 치료부터 식량 문제 해결을 위한 농업 개발 및 지원, 교육 문제 해결을 위한 도서관 건립과 빈민 아동의 교육

지원까지 '자선 활동'이라고 부를 수 있는 거의 대부분의 영역을 망라하는 중이다. 그는 왜 그렇게 막대한 돈을 아낌없이 기부에 쏟아붓는 것일까?

꼭 빌 게이츠라는 거물을 동원하지 않더라도 많은 대기업과 재력가들이 사회 공헌 활동에 앞장서는 모양새다. 인텔(Intel)은 저개발대상 국가의 아동들에게 수학과 공학을 무료로 가르치고 컴퓨터를 공짜로 준다. 교육을 통해 국가가 성장해야 인텔의 고객도 늘어난다는 생각에서다. 기업적인 마인드지만 결국 이 마음은 지구의 발전이 기업의 발전으로 이어진다는 전 세계적인 상상이다.

아무리 돈이 많더라도 그 정도의 돈과 열정으로 기부에 온몸을 던지기는 쉬운 일이 아니다. 아낌없이 기부하는 자의 우주에는 지구촌 공동체라는 거대한 별이 있다. 어떤 사람은 우주에 덩그러니 혼자 있고, 어떤 사람은 자신과 가족이 있다. 그리고 어떤 사람은 거기에 몇몇 친구가 포함되고, 어떤 사람은 한 동네가 포함되기도 한다. 민족과 국가가 함께 있는 사람도 있다. 빌 게이츠는 아프리카인들이 고통 받는 말라리아 치료제 개발을 위해 천문학적인 금액을 투자한다. 아프리카와 대단한 인연은 없어 보이는 빌 게이츠가 아프리카인들을 생각하는 마음을 보니, 그의 우주 안에는 지구 전체가 들어있는 듯하다.

기부가 꼭 많은 비용과 시간을 들여서 생색내듯 이뤄져야 하는 것은 아니다. 내가 북유럽에 갔을 때 그들의 기부에 대한 생각을 듣고 감탄한 적이 있다. 그들은 빌 게이츠와 같은 방식의 기부를 반대하기도 했는데, 그 이유는 이미 자신들은 세금이라는 효과적이고 공평한 수단을 통해 충분히 사회에 기부를 하고 있다는 것이다. 오히려 빌 게이츠와 같은 거대한 자본을 가진 사람이 대국적인 합의 없이 자신이 하고 싶은 분야에 집중적으로 기부를 한다면 마치 사회의 심각한 문제가 빌 게이츠의 시각에 의해 해석되는 부작용도 생길 수 있는 것이다. 예를 들어 IT를 기반으로 아프리카 구호 활동을 하는 비영리단체에서 아프리카에 컴퓨터 보급률이 심각하게 낮은 점에 주목해 컴퓨터를 기부 받아 대대적으로 나누어준다고 치자. 겉보기에는 아프리카의 IT 수준이 올라간 것처럼 보이겠지만, 정작 아프리카 현지에서는 전력이 부족해 컴퓨터를 켜지도 못하는 일이 벌어진다. 아프리카가 당면한 중요한 문제는 더 본질적인 부분이 있을 수 있다는 이야기이다. 어느 특정인이나 세력이 자기만의 시선으로 사회문제를 바라보면 놓치는 부분이 생기기 쉽다.

사실 세금이 원래 목적대로 올바른 곳에 쓰이기만 한다면 그것보다 좋은 기부도 없다. 게다가 조세 정책이란 민주적인 절차와 대의제에 의해 국민적 합의로 이뤄지는 것이니 더더욱 그렇다. 나는 그들의 이야기를 들으며 그들이 갖고 있는 정부와 조세 제도에 대한 깊은 신뢰와 높은 사회문제 인식 수준에 나 스스로가 작아지는 경험을 했다.

거리에서 만난 노숙자에서 동전 몇 개를 건네듯, 기부를 어렵고 힘든 사람을 돕는 행위로 한정 지으면 오래가기 어렵다. 사실 기부는 그렇게 단순한 일이 아니다. 당장 내가 얼마의 돈을 꺼내 기부하는 건 물론 쉽다. 그러나 기부를 일상으로 끌어들여 누군가의 기념일을 챙기듯, 야구를 보듯, 헬스장에 가듯 하는 건 어렵다. 인간은 이기적인 동물이기 때문이다. 생각해보라. 오늘은 내 주머니가 넉넉하고 시간도 괜찮아서 기부도 하고 봉사도 했다. 내일도, 모레도 운이 좋아 그럴 수 있었다. 그러나 다음 주도, 다음 달도, 내년도, 내후년도 그러리라는 보장은 없다. 남을 돕는 일은 나의 필요라는 절대 명제 앞에서 한없이 무력하다. 그래서 꾸준히 기부를 하려면 우선 내가 편안해야 하고, 어렵고 까다롭게 기부를 해서는 안 된다. 나는 나눔을 삶의 연관성을 이해한 사람의 가장 이기적인 행동이라고 정의한다.

그렇다고 스스로가 힘든 상황에서 기를 쓰며 기부를 한다면 그것이 올바른 나눔일까? 창업을 했을 때 '캔디즘'이라는 말을 쓴 적이 있다. 만화영화 〈들장미 소녀 캔디〉의 주인공 캔디 이야기에서 따온 말이다. 캔디는 어느 날 말에서 떨어져 오른발을 다친다. 그때 캔디는 이렇게 이야기한다. "왼발이 있어서 다행이야". 이때 캔디의 마음은 소위 '다행이야' 정신, 초긍정의 정신이다. 언제든 문제는 있을 수밖에 없다. 상황을 긍정하고 문제를 창조적으로 해결하려는 사람이 필요한 것이다. 나눔도 마찬가지다. 스스로 부족하다고 생각하면 나눌 수 없다. 행복해야 나눌 수 있다. 그 행복함 속에 손쉽고 간단하게 나의 일부를 나눌 수 있는 환경이 조성되었을 때 기부는 이루어진다.

일상적 기부의 발명

금강기획에서 일할 때 금연 광고에 이어 기억에 남는 광고는 아름다운재단을 위한 1% 기부 광고다. 그때는 서서히 기업의 사회 공헌 활동이 보편화되던 시기였다. 이전까지 기부가 비용이라고 생각했던 기업들이 차츰 일종의 투자 개념으로 기부를 바라보기 시작했다. 광고 업계 역시 이러한 흐름에 동참해 중소기업을 상대로 무료 CI를 제작해주거나 공익 광고 캠페인을 전개하는 중이었다.

금강기획은 광고 업계 중 사회 공헌 활동 분야에서는 단연 눈에 띄는 기업이었다. 그 중요한 줄기 중 하나가 내가 2004년에 관여한 아름다운재단의 '테마가 있는 캠페인'이었다. 이 캠페인은 금강기획이 아름다운재단의 광고물을 무료로 제작하고 '포커스'라는 무가지에 그 광고를 게재했다. 아마 커뮤니케이션 분야에서는 선도적인 전문성 기부의 모델이 아니었나 싶다. 캠페인의 요지는 자신이 가진 1%를 기부하자는 취지였다. '떠나는 여름 99%, 나누는 여름 1%(휴가비 1% 캠페인)', '사랑한다는 약속 99%, 나누겠다는 약속 1%(축의금 1% 캠페인)'등을 기획했다.

아름다운재단이 광고 제작을 요청하면 카피라이터와 디자인 전문가들이 모인 제작팀에서 1차 회의를 열어 2~3개의 콘셉트를 정하고, 재단과 상의를 거쳐 최종안을 확정해 제작했다. 인쇄 광고물의 회당 제작비는 200만 원 안팎으로 일반적인 제작비의 1/10 수준이었다. 돈이 많이 드는 모델을 쓰지 못하기 때문에 카피와 디자인만으로 눈길을 끄는 아이디어를 찾는 게 쉽지는 않았다.

아름다운재단의 1% 기부 광고에 관한 아이디어는 광고

금강기획 카피라이터와 디자이너를 설득해 1% 재능 기부로 아름다운재단의 광고를 무료로 만들어줬다. 아름다운재단을 만난 후 1%의 매력에 푹 빠졌다. 이 광고로 아름다운재단이 매년 시상하는 공익적 전문가상을 받았다. (당시 아름다운재단 상임이사는 박원순 현 서울 시장이었다. 박원순 시장과 나의 인연은 그렇게 시작되었다.)

를 만들기 전인 2000년부터 개인적으로 1% 나눔 활동에 참여했던 내 머릿속에서 나왔다. 나는 우리 사회의 모든 전문인은 자신의 능력을 나누는 공익 전문가가 될 수 있다고 생각했다. 공익 전문가가 되는 것은 어렵지 않다. 변호인은 변론 1%, 의사들은 의술 1%, 언론인은 글 1%를 나누면 된다. 이 개념을 적용한 것이 아름다운재단의 1% 기부 광고다.

사실 광고회사가 생업인 광고를 기부하는 건 만만치 않은 일이다. 일단 시민단체 역시 잠재적 고객이므로 이들에게 광고를 무료로 만들어주면 고객을 잃은 것이나 마찬가지다. 또 광고 영업이나 매출에 보탬이 되지 않은 광고 기부 활동에 광고인이 카피를 만들어주는 등 전문성을 기부하는 일 또한 자신의 커리어를 위해 바람직한 일은 아니다. 그럼에도 전문성을 사회 환원하는 일에 대한 신념과 기업의 사회 공헌 활동이 갖는 중요성을 강조하며 이 일을 밀고 나갔다. 다행히 회사가 이를 인정하고 선배들도 전폭적으로 나를 지지해주었다.

우리 사회에 기부 문화를 연 아름다운재단과 나의 인연은 꽤 오래되었다. 2000년 결혼을 하고 받은 축의금의 1%를 기부하면서 아름다운재단과 교류하기 시작했다. 고향의 군민회관을 빌려 시골 어른들과 함께 조촐하게 치른 결혼식이었다. 남들 다 하는 결혼식이었지만 무언가 의미 있는 첫출발을 하고 싶었다.

지금 돌이켜 봐도 축의금 1% 기부는 어느 화려한 장식이나 성대한 결혼식보다 우리 부부에게 뜻깊은 장치였던 것 같다.

이때 가지고 있던 아이디어가 확장된 게 트윗나눔이다. 당시는 막 SNS가 국내에 도입돼 트위터 이용자가 늘어나던 시기였다. 트위터의 등장으로 당면한 문제를 해결하는 방법이 달라졌다. 예전엔 문제가 생기면 혼자 전전긍긍해야 했던 것과 달리 이제는 어려운 일이 생기면 트위터를 통해 공개해 여러 사람의 의견을 들을 수도, 도움을 받을 수도 있게 된 것이다.

내가 보기에 트위터라는 도구는 기부 문화의 확산에도 적합한 장치였다. 그래서 2009년 9월 28일 트위터에 글을 하나 올렸다. 1년간 각자 트위터에 올린 글의 숫자에 곱하기 1원을 해서 자발적으로 기부를 하는 게 어떠냐는 제안이었다. 순식간에 참가자가 불어났다. 그해 말, 석 달 만에 600명이 넘는 트위터리언(트위터를 이용하는 사람들)이 동참 의사를 밝혔다. 나의 제안에 따라 자선 단체의 지정 계좌에 도착한 모금액이 800만 원을 넘었다. 2010년에도 700명이 넘는 사람들이 함께했다. '트윗나눔'이라는 정식 홈페이지까지 개설했다.

트위터에 글을 올린 횟수에 1원이든 10원이든 100원이든 1,000원이든 얼마를 곱할지는 전적으로 트위터리언의 자유다. 기부처도 트위터리언이 직접 아름다운재단, 굿네이버스, 기아 대책 가운데 한 곳을 골라 지정 계좌에 스스로 입금하는 방식이다. 나는 이 과정에서 '1트윗(트위터에 글을 한 번 올리는 행위) = 1원'이란 공식을 만들고 빈곤 아동을 위한 기부처를 트위터리언에게 소개하는 역할만 했다.

2009년 겨울에는 '트윗나눔 파티', 2010년 겨울에는 '1원의 행복나눔파티'라는 행사를 열어 트위터리언들이 오프라인에서 기부의 기쁨을 나누는 시간을 가졌다. 두 행사에서 나는 모두 대표 발의자로서 행사를 주도하는 역할을 했다. 2009년 행사에서는 연극과 흥겨운 공연을 열고 손글씨 써주기, 티셔츠 경매 등의 프로그램을 진행했다. 당시 아름다운재단 상임이사였던 박원순 변호사와 진보신당의 노회찬 대표가 참석했다. 2010년 1원의 행복나눔파티에서는 기부를 위해 좀 더 다양한 방식으로 모금을 했다. 상품권 형식으로 된 쿠폰을 팔고, 출판사에서 기증한 책을 판매했다. 캐리커처 그리기나 페이스페인팅 같은 소소한 프로그램도 배치했다. 뜻깊은 행사 취지에 화답해 통일부에서 핸드폰 크리너를 기부하는가 하면 청와대 비서관도 참석해 자리를 빛내주었다.

대기업들이 수백억 원씩 내놓는 성금과는 비교가 안 되지만, 불특정 다수의 참여와 새로운 네트워크 기술을 이용해 선한 마음이 담긴 '1원의 행복'을 만들어내려고 했다. '1트윗 = 1원'

은 기부와 나눔의 장벽을 낮춰준 상징물이라고 생각한다. 트윗을 하나 올리는 행위처럼, 부담 없이 꺼내는 1원처럼 기부는 내 방 문턱 같이 넘기 수월해야 한다.

이 캠페인이 화제가 되면서 청년들이 밸런타인데이 때 사는 초콜릿 가격의 1%를 떼어 불우이웃에 기부하거나 초등학생들이 방학 시간의 1%를 내어 지역 봉사활동을 하는 등 부담 없이 건네는 마음의 선물들이 사회 전반에 훈훈한 온기를 가져왔던 기억이 난다. 와이셔츠 업체가 와이셔츠 한 벌을 팔 때마다 수익의 1%를 기부하고 호떡 장수들이 호떡 값의 1%를 쾌척하는 일들도 벌어졌다.

이러한 활동의 여파로 트위터에서 같은 관심을 지닌 사람들이 즉석모임을 통해 만나는 일도 잦아졌다. MBC 기자였던 김주하 씨가 '트위터 아나바다 기부파티'를 제안해 참가자들이 쓰던 물건을 사고판 뒤 수익금을 기부하는 행사가 열리기도 했다. 기쁘고 아름다운 것만 나눌 수 있는 게 아니다. 군대에 간 아들을 사고로 잃은 아버지가 위로금의 1%를 나누었던 일은 잔잔한 감동과 슬픔을 동시에 가져다주었다.

진심(盡心)이 진심(眞心)을 만듭니다

아름다운재단과 기부를 명목으로 꾸준히 인연을 쌓아오다가 2009년 11월 나는 아름다운재단이 10주년을 맞이해 수여하는 상을 받게 됐다. 아름다운재단은 우리나라를 대표하는 시민단체 중 하나인 만큼 10주년 행사도 성대하게 치러졌다. 아름다운재단의 기부자인 방송인 최은경 씨의 사회로 행사가 시작됐고 딴지일보의 총수 김어준 씨가 시원한 입담으로 긴장을 풀어주었다. 이어서 유네스코 한국본부장 이선재 씨가 월드컵 때 붉은 악마 티셔츠를 모아 기부했던 이야기를 풀어놓았고, EBS 〈지식채널e〉 김진혁 PD의 투명한 기부 문화의 중요성에 대한 강연과 노숙인 잡지 「빅이슈」의 스토리도 기억에 남는다. 이어 안철수 씨와 박경철 씨가 혁신적 도구와 아이디어로 사회의 모순을 해결하는 방법에 대한 대담을 나누었고 대담이 끝나자 안철수 씨가 나에게 특별상을 시상했다. 상패에는 '발전하는 온라인 환경에서 따뜻하고 창의적인 나눔의 모델을 제시해주셨습니다. 새로운 나눔의 길을 열어주신 트윗나눔 김현성 님께 존경의 마음을 담아 이 상을 드립니다'라고 적혀있었다. 상을 받으려고 기부를 한 건 아니었지만 새삼 감회가 새로웠다.

지금도 갖가지 방법으로 나의 기부는 계속되고 있다. 꾸

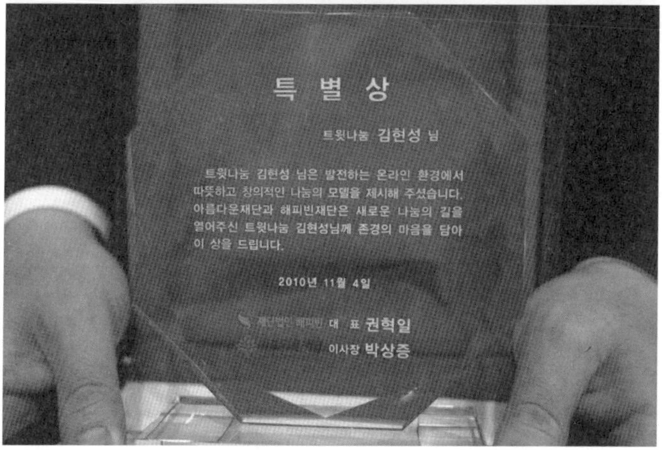

아름다운재단 10주년을 맞아 대한민국 기부단체 간사들이 대한민국 기부 문화에 기여한 사람을 투표로 선정했는데 영광스럽게 트윗나눔이 뽑혔다. 축하행사장에서 안철수 씨로부터 특별상을 받았다.

준히 기부를 하는 이유는 내가 동정심이 유별하거나 돈이 많아서가 아니다. 단지 나를 있게 한 이 세상에 무언가 돌려줘야 한다는 생각이 기부를 습관으로 만들었다. 기부에 관한 이러한 생각은 2012년에 출간한 『한국의 모금가들』이라는 책에 좀 더 정리되었다. 이 책에는 한국의 모금 문화를 주도해 온 사람들의 이야기가 모여있다. 책에 나온 사람들은 아름다운재단을 국내 대표적인 나눔 재단으로 만든 윤정숙, 참여연대와 아름다운재단, 아름다운가게와 희망제작소 등 나눔 문화에서 빼놓을 수 없는 이름인 박원순, 국제공인모금전문가 비케이 안, 한국홍보전문가 서경덕, 가치혼합경영연구소 소장 김재춘, 소규모단체 모금컨설팅 전문가 조원희, 월드비전 후원관리 팀장 허보영, 국내 1호 대학전문 모금가 황신애, 문화예술분야에 클라우드 펀딩을 소개한 장진민, 유시민펀드와 박원순펀드를 진두지휘한 정치모금 전문가 김종연까지 기라성 같은 분들이다. 나는 서울시장애인복지시설협회 정현경 전 사무국장, 휴먼트리 대표 이선희 씨와 함께 모금의 실무를 소개하는 공동 저자로 이 책에 이름을 올렸다.

기부에 관한 글을 마무리하며, 2009년 트윗나눔 파티에서 주최측 대표로 인사말을 하면서 정성 들여 준비했던 글을 다시 한번 꺼내본다.

"진심(眞心)을 모아보고 싶었습니다."

누군가가 "왜 1원의 행복을 제안했나?"고 물었을 때 들려주려고 준비했던 말입니다.

지난 여름에 저는 처음으로 트위터를 알게 되었습니다. IT 지진아인 제가 블랙베리를 사고, 구글독스(Google docs: 구글 문서도구)를 만들 수 있게 되고, 맥북의 키노트를 배웠습니다. 트위터는, 아니 엄밀하게 말하면 트윗에서 만난 사람들은 저의 변화를 이끌어주셨습니다.

내 변화의 계기를 만들어준, 트윗에서 만난 사람들의 선한 마음들을 함께 모아보고 싶었습니다. 그 중심에 제가 있었으면 했습니다. 욕심이 났습니다. 누군가 해야 된다면 제가 하고 싶었습니다. 언젠가 해야 되는 일이라면 지금 하고 싶었습니다.

떼창 프로젝트가 보여줬던 감동과, 함께하면 지혜가 커진다는 것을 알게 해준 떡볶이 프로젝트, 그리고 선한 마음들이 처음 모였던 아나바다의 성공 경험이 1원 행복의 든든한 배후였습니다. 실천의 용기를 갖게 해주었습니다.

그래서 지난 9월 28일 세 분과 상의 끝에 멘션을 통한 '1 트윗 = 1원' 캠페인을 제안하게 됐습니다. 바로 아래와 같은 트윗으로요.

'[트윗나눔 프로젝트 2탄] 1,000팔로우 나눔 후 트윗분들의 선한 마음을 분출할 방법을 고민하다가 제안드림. 12월 12일(매월 12일은 나눔의 날)까지의 자신의 트윗수 곱하기 1원을 기부합시다. 어떠세요? 무한 RT 필수'

트윗에서의 일이 그렇듯 이미 날린 멘션은 나의 의지와는 상관없이 흘러갑니다. 첫 날과 둘째 날 100여 명이 구글독스를 통해 참여해주셨고, 단숨에 400명이 넘는 분들이 참여 의사를 밝혀주셨습니다.

그 자체가 제게는 감동이었습니다. 조금 더 마음 써줄 운영위원님들이 위촉되었고, 굿네이버스와 아름다운재단이 동지가 되어주었습니다. 11월 11일에는 재능을 나눠주신 분들에 의해서 'twitnanum.org'라는 멋진 온라인집도 만들어졌습니다. 이렇게 진심(眞心)이 모여갔습니다.

"진심(盡心: 마음을 다하다)으로 진심(眞心: 참된 마음)을 보여주고 싶었습니다."

누군가가 "이해가 걸리지 않은 일에 왜 그리 열심히냐?"고 묻는다면 답하고 싶었던 말입니다. 내가 마음을 다하지 않는데 어찌 타인의 마음이 움직이겠습니까? 법정 스님은 '마음은 닦는 것이 아니라 쓰는 것이다'라고 말씀하셨습니다. 오늘 이렇게 마음 쓸 줄 아는 여러분들과의 만남을 계기로 더 마음 쓸 것을 약속드립니다.

수십 바가지의 물을 길어 올리기 위해 한 바가지의 마중물이 필요하듯이 여러분의 마음은 더 많은 진심을 모이게 하는 소중한 나눔의 마중물이 될 것입니다. 지난 100일 동안 진심을 보여준 여러분 덕분에 행복하고 자랑스러웠습니다. 여러분에게 저 또한 행복한 자랑거리가 될 수 있도록 더 노력하겠습니다.

끝으로 저의 가치관은 어머니입니다. 모든 선택의 순간에 어머니를 찾습니다. 저보다 배움도 짧은 어머니의 선택은 늘 옳았기에……. 농사 짓는 어머니께 자랑거리 하나 만들어 드리고 싶었는데 오늘의 이 자리는 어머니 보시기에 어떠하신지요? 고맙습니다.

소통의 또 다른 솔루션, PI

PI의 개념과 전략

방송인 김구라 씨를 좋아한다. 나는 SBS 〈매직아이〉라는 프로그램에서 박원순 시장 당선의 숨은 공신으로 소개되어 출연한 적이 있는데, 그때 김구라 씨와 나는 박원순 시장 관련 비화를 묻고 답하는 관계로 인연을 쌓았다. 나는 상대 후보에 비해 박원순 시장의 약점은 남성적인 면이 부족한 것으로 분석했기에 박원순 시장은 뇌가 섹시한 사람, 생각이 매력적인 사람이라는 이미지로 어필했다는 전략을 살짝 공개했다. 또 한때 화제였던 박원순 시장이 신고 다니는 낡은 구두에 대해서도 그의 구두는 연출된 것이 아니라 실제 신고 다니던 신발이 우연히 사진에 찍혀 온라인상에 올라가게 된 것이라는 답을 해주었다.

김구라 씨를 방송국에서 실제 만나보니 카메라가 돌아가지 않을 때는 기운이 별로 없고 우울해 보였는데 촬영만 시작되면 활기가 넘치고 특유의 날카로움을 뽐내는 인물로 바뀌었다. 그런 프로페셔널한 면도 멋졌지만, 무엇보다 나는 험난한 방송 생태계에서 안 좋은 과거 이미지까지 이겨내고 독보적인 캐릭터를 가진 방송인으로 자리잡은 그의 생명력이 감탄스럽다.

PI를 제대로 다루려면 또 한 권의 책이 필요할지도 모르겠다. PI는 금강기획과 서울시 업무를 관통하는 중요한 키워드이고 내가 가진 가치관의 일면을 보여주는 단어인 만큼 여기서는 간단하게 몇 가지만 설명해보려고 한다. 내가 다룬 PI의 대상이 대통령이라는 인물이라서 어렵고 낯설게 느껴질 수 있지만 사실 PI는 개인부터 기업까지 정체성을 가진 존재면 누구에게나 적용할 수 있는 개념이다. 요새 TV에서 하는 예능 프로그램을 보면 '캐릭터를 잡는다'라는 말을 한다. PI는 쉽게 말하면 캐릭터를 잡는 일이다. 분명한 자기 캐릭터가 있는 인물이 방송 분위기를 이끌고 시청자에게 좋은 평가를 받는다. 김구라 씨 역시 다양한 방식의 PI를 통해 자기 캐릭터를 확고히 구축한 덕분에 지금의 위치에 올랐다고 할 수 있다.

PI는 '요인이미지 관리' 또는 'CEO Brand Positioning'로 설명할 수 있다. 부연하면 PI는 실제 모습(Reality)과 의도된 정체성(Planned Identity), 인식된 이미지(Perceived Image)의 교집합을 넓혀나가는 활동이다. 보통 정치인이나 CEO 등 조직 리더가 개인 브랜드의 외부적 평판을 높여 가치를 높이는 데 활용한다. 그러므로 PI는 정치인이나 CEO의 퍼스널 브랜드를 구축해 회사 가치, 또는 국가 가치로 연계시키는 총체적인 활동이라고 할 수 있다. 예를 들어 CEO가 유명 인사라면 회사의 이미지를 PI를 통해 널리 쉽게 전하는 게 가능하다.

PI의 필요성은 명백하다. 디지털 기술의 발달로 국경의 개념이 희미해져 경쟁의 범위가 세계로 넓어지고 있다. 소비자들의 브랜드 소비지향이 두드러지는 중이며 국가 브랜드가 대외수출에 미치는 영향력이 더욱 커지고 있다. 대통령의 브랜드는 곧 국가 브랜드와의 연계를 통해 국가의 공신력을 높여주고 대외 신인도 향상에도 기여한다. 대통령의 PI 구축은 국가 브랜드 향상을 위한 가장 효율적인 방법이다.

PI 개발을 위한 전략은 PI Concept Launching, Media Training, Communication & Speech Development, Visual Image Strategy, Leadership System, Career Management 등이 있다. 이를 통해 구체적으로 나타나는 프로그램은 여러 종류를 상상해 볼 수 있다.

우선 강연회다. 전문 영역을 개발해 강연회에 나가면 청중에게 강사의 능력을 널리 알릴 수 있다. 개인 홈페이지 운영으로도 PI 개발이 가능하다. 홈페이지를 통해 대중과 직접 대화를 할 수 있으며 개인 철학 및 비전을 널리 알릴 수 있다. 신문, 잡지 등 각종 매체에 기고하는 것 역시 전통적이지만 여전히 영향력 높은 방법이다. 방송 출연은 개인은 물론 그가 속한 조직의 가치를 가장 짧은 시간에 확실히 알릴 수 있다. PI의 당사자가 좋은 콘텐츠를 보유하고 있다면 저술 활동을 추천할 만하다. 저술 활동은 세세한 스토리텔링을 통해 스스로를 친절히 알릴 수 있는 PI 활동이며, 성공적인 저술은 신문 기고나 방송 출연으로 이어진다.

좀 더 확장해보면 커뮤니티 형성이 좋은 예가 된다. 각종 모임에 참가해 자신의 존재감을 과시하고 팬을 형성할 수 있다. 봉사활동은 많은 사람들이 꾸준히 활용하는 PI다. 봉사활동을 통해 개인과 조직의 존재를 알리고 기존의 부정적인 이미지를 좋게 할 수도 있다. 봉사활동을 가장 잘 활용했던 기업인은 아마 미국의 부호 존 데이비슨 록펠러(John Davison Rockefeller)일 것이다. 그는 부당 폭리와 노동 운동 강제진압 등으로 한때 악덕 기업가로 낙인이 찍혔지만 다양한 사회봉사 활동을 통해 오늘날에는 존경받는 기업인으로 인식되고 있다. 이외에 의상, 매너, 태도 등 모든 자기연출과 스스로를 드러내는 이벤트들이 PI의 영역에 들어간다.

존 그라함(John Graham)은 PI를 위한 CEO 모델을 여섯 가지로 나누어 제시한 바 있다. 첫 번째는 상징적 CEO 모델이다. CEO를 기업의 대변자이자 조직의 상징으로 삼아 고객과 커뮤니케이션을 하도록 하는 전략이다. 두 번째는 경영팀 CEO 모델이다. 회사에서 경영팀을 강조하며 팀별 전문성을 중요시하는 방식이다. 세 번째는 상품과 서비스 CEO 모델이다. 새로 출시되거나 이미 나와있는 상품이나 서비스의 성공에 초점을 맞추는 경우다. 네 번째는 미래 가이드로서의 CEO 모델이다. 고객이 기업의 미래에 관한 예측을 할 수 있도록 기업의 역사를 이용하는 전략이다. 다섯 번째는 재정적 성과 CEO 모델이다. 조직의 재정적 성과를 내세워 기업에 관한 제반 문제를 재정적인 것과 결부시켜 알리는 것이다. 여섯 번째는 산업에 대한 정의 및 재정의 CEO 모델로 기업의 비즈니스 전략과 비전을 강조하는 타입이다. 위의 모델은 CEO에 초점이 맞춰져 있지만 내용을 조금만 바꿔서 생각하면 정치인은 물론 일반 개인에게도 충분히 적용할 수 있다.

PI 세계로의 입문

금강기획에서 겪은 김대중 대통령 관련 업무가 본격적인 PI와의 만남이었다. 김대중 대통령은 PI에 대해서 선진적인 감각을 가지고 있었다. PI의 중요성을 일찍이 인지하고 민간 최고 마케팅 기업에 의뢰해 꾸준히 이미지를 관리했다. 이는 미국식 국정 운영과 같은 방식인데 해외 정세에 박식한 그의 경험이 영향을 주었으리라 생각한다.

우리 팀은 보통 주요 PI 상황을 관망하는 것으로 업무를 시작했다. 여론의 동향은 어떤지, 정부의 방침에 따른 각계의 반응은 무엇인지, 지금 민생 현안으로 국민이 집중하는 것은 무엇인지 등을 정리해 보고했다. 이에 따른 PI 방향성도 제시했다.

매일 오전이면 대통령 비서실의 행사기획비서관실 담당자에게 전화가 온다. 그 주나 그 다음 주에 참석할 행사나 참석했으면 하는 행사가 있는지를 물어오면 우리는 오전 내내 머리를 맞대서 자료를 만들어 그날 바로 늦지 않게 메일로 요청사항을 보냈다. 이런 식으로 청와대와 전화 통화를 하며 대통령의 동선과 복장, 메시지 등을 조언했다. 그리고 일주일에 한 번씩 청와대에 들어가 청와대 행사기획팀과 미팅을 하며 언론이 다루는 대통령의 모습을 분석했다.

대통령 PI는 '대통령의 모든 것은 메시지다'라는 생각에서 출발한다. 우리는 말과 글로만 메시지를 전하는 것이 아니다. 보이는 모든 것은 해석된다. 박근혜 전 대통령은 프로야구 한국시리즈 시구에 일본 브랜드인 아식스 운동화를 신고 와서 국민들에게 비난을 받았다. 반면 문재인 대통령은 미국 대통령 트럼프와의 만찬에 독도새우를 올려서 큰 울림을 줬다. PI는 긍정적 스토리를 만들어서 리더십을 강화해 가는 통치술의 하나이자 대통령을 국가의 자산으로 생각하고 이 자산을 잘 활용해서 대외적인 국가 브랜드를 강화하고, 대내적인 리더십을 공고하게 해서 강등을 최소화하기 위한 수단이다.

대통령 PI 업무를 하기 위해서는 대내외적 흐름에 민감해야 한다. 이슈를 이끌어 가는 것도 중요하지만 이슈에 어떤 입장을 갖느냐가 더 중요하기 때문이다. 대통령 활동을 모니터링 하는 것은 기본이다. 최고의원들과의 오찬, 사관학교 졸업식 참석, 국무회의, 자문기구 의원 초청 만찬, 신공항 개항식, 정당대표 면담 등의 활동들에 대해 다양한 의견을 제시했다. 예를 들면 최고위원들과의 회의 장면은 최고의원들이 도열해 있는 모습을 보여주기보다는 실무를 논의하는 모습을 통해 일하는 대통령의 이미지를 부각시키자는 식이었다.

어떤 행사에 참여하고, 어떤 의제를 이야기할 것인지를

제안하는 것이 우리 팀이 했던 주요한 업무였다. 행사 구성도 고민해야 한다. 단순 행정구역으로 추진할지, 산업권역을 따질지 등이 모두 판단 대상이다. 주요 참석자와 발표자는 경제부처 장관 및 경제수석, 지역에 있는 기업체 경영자, 지역 경제인 단체, 해당 지역에 소재한 대학의 경제학 교수, 정부의 수출 관련 부문 관계자로 정리할 수 있다. 민생 회의라면 지역주민과 지역의 시민단체 관계자, 복지 분야 장관, 사회복지사 같은 민생 관련 현장 공무원이 주요 참석자가 된다. 실제로 행사를 진행하면서 대체로 어떤 태도를 취할지, 어떤 말을 하고 얼마나 들을지, 심지어는 넥타이를 맬지 매지 않을지와 도시락을 먹을지 먹지 않을지까지도 하나하나 계획을 세워 최선의 결과를 이끌어내는 게 우리 팀의 임무였다. 또 행사 성격과 대통령의 표정이 잘 어울리는지까지도 관찰했다.

특히 지방 행사에서 민생 현장을 방문할 때는 언론 노출이 집중되기 때문에 신경 써야 할 것이 많았다. 이런 경우 지역주민들이 자부심을 느끼는 지역, 지역의 상징성과 관련이 있는 장소를 방문하는 것이 효과적이다. 전주라면 비빔밥집, 부산이라면 자갈치시장에서 소탈하게 식사하고 재래시장에서 영부인에게 선물할 공예품을 사고 지역주민들의 존경심을 받고 있는 상징적 인물의 자택을 직접 방문하거나 선물을 전달하는 식의 민심을 얻기 위한 갖가지 방법을 제안했다. 그 지역 사람들과의 유대감을 위해서는 공통의 관심사에 대한 이해가 맞다는 것을 보여주는 것 이상이 없다. 뭐니 뭐니 해도 PI팀 일을 하면서 가장 보람된 순간은 김대중 대통령의 평양 방문 때였다. 평양 방문과 관련해서는 오랫동안 정보를 찾고 자료를 완성했다. 대통령이 출발해서 영공에서 휴전선을 넘고 평양에 도착하는 순간순간이 의미가 있었기에 모든 것이 뉴스였다.

요즘 들어 예능 프로그램에 출연하는 정치인들이 부쩍 늘어나는 추세다. 나이 지긋하신 분들은 그걸 보고 경박스럽다며 눈살을 찌푸리기도 하는 모양이다. 그러나 나는 정치인들의 그런 행보를 국민들에게 다가가려는 노력으로 본다. 희화화되거나 도를 넘지만 않으면 괜찮지 않는가. 앞서 말했듯 예능 프로그램에 나가 나름의 캐릭터를 보여주는 것 또한 PI이다.

김대중 대통령은 우리 팀의 조언을 적극적으로 받아들여 PI를 치밀하게 준비해 잘 활용했다. 한 가지 예로 이전까지는 대통령이 대학 졸업식에 참석하면 보통 우리나라 최고의 학교라고 하는 서울대학교에 갔다. 그런데 김대중 대통령은 방송통신대학교 졸업식을 찾았다. 학벌주의를 타파하고 대학을 가지 않아도 성공하는 사회를 만들어야 한다는 평소 신념을 PI로 드러낸 것이다. 노벨평화상을 수상할 때도 수상식에 정치인이나 유명 인사를 데려간 게 아니라 연세대학교 의과대학에 최연소로 입학한 학생의 꿈이 노벨상 수상이라는 이유만으로 그를 동참시켜 국민들에게 신선함을 주었다.

대통령을 포함한 공직자는 스스로를 공적 자산으로 활용해야 한다. 자연인으로서의 자신을 완전히 내려놓고 국민이 추구하는 이상에 부합하는 방식으로 자신을 드러내는 게 바람직하다. 그런 맥락에서 PI만 놓고 보면 지금의 문재인 대통령은 김대중 대통령과 잘 통하는 편이다. 문재인 대통령은 메시지를 전달하기 위해 활용할 수 있는 도구나 수단들을 거의 모두 활용하고 있다. 마치 PI를 출력할 수 있는 스피커를 최대 볼륨으로 높이듯, 문재인 대통령은 최대한 PI를 사용하고 있는 까닭에 그의 정책은 설득력이나 전달력이 높은 편이다.

PI 사례

PI에 대한 이해를 돕기 위해 몇 가지 구체적인 예를 들어보려 한다. 일단 해외 유명 인사의 사례 몇 가지를 참고해 볼 수 있다. 미국의 전 국무장관 매들린 올브라이트(Madeleine

Albright)는 옷에 다는 브로치를 통해 PI를 만들어간 인물이다. 올브라이트는 이야기가 있는 브로치를 달았다. 사담 후세인(Saddam Hussein)이 올브라이트를 '사악한 뱀 같은 여자'라고 했을 때 이를 오히려 자신의 이미지로 차용해 뱀 모양의 멋진 브로치를 달고 다녔다. 우리나라를 방문했을 때는 태양 모양의 브로치를 달아 당시의 햇볕정책을 지지함을 드러내기도 했다. 올브라이트는 세계가 자신의 브로치 모양에 주목하게 만들면서 자신의 약점인 옷맵시가 나지 않는 몸매를 커버하고 최고 직위의 여성으로서 여성다움을 잃지 않았다는 평가를 받는다. 이것이 바로 성공적인 PI다.

또 다른 예는 미국의 전 대통령 조지 워커 부시(George Walker Bush)다. 그는 대통령의 아들이라는 후광을 떨쳐내기 위해 대통령 후보가 되자 평범한 사람의 이미지를 만들기 위해 노력했다. 목장에서 사파리 차림으로 언론에 노출되는 등 마치 목동과 같은 모습을 연출했고, 어린 아기를 번쩍 치켜드는 장면 등을 통해 서민과 호흡을 같이하는 소탈한 이미지를 만들어냈다. 대통령에 당선된 후에는 워싱턴에 입성하면서 텍사스 지역 특유의 카우보이 모자를 착용해 서부 개척자들에게는 개척자 시절의 향수를 불러일으켰으며 국민들에게는 초기 이민자들의 개척 정신을 되살리겠다는 메시지를 강하게 전달했다.

또 다른 미국의 전 대통령 빌 클린턴(Bill Clinton)은 의상보다 머리 모양으로 이미지를 크게 세 차례 바꿨다. 1992년 처음 대통령에 출마했을 때 그의 나이는 40대 중반으로 대통령 후보로서는 너무 젊었다. 클린턴은 머리의 은색을 더욱 드러나게 하고 곱슬머리를 약간 펴서 나이가 들어 보이는 헤어스타일을 만들었다. 1996년 선거에서는 이미 젊은 대통령에 익숙한 유권자들을 의식해 은색 머리를 어둡게 하고 곱슬머리를 그대로 두어 다시 젊은 스타일을 시도했다. 그러다가 임기 말인 2000년 그의 아내 힐러리 클린턴(Hillary Clinton)가 뉴욕 상원의원 출마를 발표했을 때는 나이 들고 무력해 보이는 전업 남편의 희고 부스스한 머리 스타일을 취했다. 이는 전직 대통령이 상원의원에 당선된 아내 힐러리를 등에 업고 다시 정치 전면에 나설 것이라는 우려를 불식시키려는 의도였다. 클린턴은 아내인 힐러리가 뉴욕 상원의원에 당선되자 다시 단정한 대통령의 헤어스타일로 바꾸고 임기를 마무리하는 느긋한 모습을 보여주었으며 은퇴 시에는 흰머리를 더 강조해 권위를 크게 부각했다.

그렇다면 힐러리는 어떠했을까? 힐러리 클린턴은 남편이 섹스 스캔들로 곤경에 처할 때마다 할리우드 배우처럼 해변에서 수영복을 입은 채 남편과 키스하는 장면을 외부에 노출시켜 견고한 부부 사이를 과시했다. 미국인들은 이를 두고 '매직

키스'라고 부르기도 했다.

힐러리가 고비를 맞았을 때 PI는 큰 역할을 했다. 첫 번째 위기는 클린턴의 대통령 취임 후 의료 보호 개혁을 직접 지휘하다가 반대에 부딪혀 무산되었을 때 찾아왔다. 이때 힐러리는 전문직 여성의 상징인 숏커트 머리를 단발로 바꾸고 진주 목걸이와 귀걸이를 착용하는 등 전업 주부에 가까운 모습으로 외모를 바꿨다. 미국인들이 전면에 나서 잘난 척하는 퍼스트레이디보다 살림과 내조를 잘하는 퍼스트레이디를 좋아한다는 점에 초점을 맞춘 것이다. 힐러리 클린턴의 이러한 연출은 내조 잘하는 보통의 퍼스트레이디로 자신을 포지셔닝하는 효과를 거뒀다. 그는 실제로 남편의 집무에 참견하지 않고 다소곳하게 내조하는 모습을 보여 사랑받는 퍼스트레이디로 복귀하는 데에 성공했다.

두 번째 위기는 불법정치 자금모금 의혹이 불거진 화이트워터 게이트 사건과 관련해 힐러리와 동업으로 법률회사를 운영하던 빈센트 포스터(Vicent Foster)가 갑자기 자살한 사건이었다. 이때 힐러리는 흰 티셔츠에 검은 스웨터를 입고 전혀 액세서리를 하지 않은 수수한 복장으로 빈센트 포스터의 죽음을 애도해 논란을 잠재웠다. 또한 뉴욕 상원의원에 출마했을 때는 다소 느슨해 보이는 단발머리를 과감하게 짧은 숏커트 머리로 바꾸고 의상도 전문직 여성들이 즐겨 입는 장식이 없는 심플한 정장 바지로 바꿨다. 이때 일반 전문직 여성과 자신을 차별화하기 위해 검고 칙칙한 정장 대신 파스텔 톤의 화사한 색상을 선택해 딱딱함을 피하고 젊고 활기 있는 분위기를 연출했다.

성공적인 PI의 사례는 해외뿐만 아니라 국내에서도 찾아볼 수 있다. 실제 금강기획에서 진행했던 PI의 사례를 소개하면, 대표적으로 김대중 대통령의 사례를 들 수 있다. 김대중 대통령 재임 시 2002년 월드컵을 앞두고 일본의 역사교과서 왜곡 문제가 크게 불거진 적이 있다. 이에 우리 정부는 강경한 입장을 표명했고 주변국들과의 연대에 의한 공동대처로 일본을 압박하겠다는 전략에 대해서도 공감대가 높게 형성된 상태였다.

우리 팀은 이 상황을 대체로 긍정적으로 보면서도 일본 역사교과서의 문제는 민족 감정과 관련된 부분으로 국민 감정의 적절한 컨트롤이 필요하다는 분석을 했다. 국정타개책으로 우리 정부가 너무 감정적인 대처를 하고 있다는 우려도 일부 있었기 때문이다. 또 정부와 국민들이 공통으로 격앙된 감정을 표현했으나 가시적 성과가 없을 경우 비난의 화살이 정부로 향할 수 있는 사안이었다. 그러므로 정부 내부에서의 절제되지 않은 감정적 발언에 대한 내부 통제가 필요하다는 결론이 내려졌다. 정부 부문은 이성적으로 대처하고, 민간 부문은 감정적으로 대처하는 역할 분담을 하면서 역사교과서 문제가 경제에 미치는 영향을 최소화하기 위한 정경분리 원칙이 필요했다. 동시에 대통령은 노벨평화상 수상자로서의 권위를 실어 메시지를 관리하면서 역사의 중요성을 자주 강조할 필요가 있었다. 한일 국민 감정 차원이 아닌, 동북아평화 차원에서 일본의 역사교과서 문제가 중요하다는 메시지를 던져 4강 외교로 형성된 동북아 평화지도자 이미지로 역사교과서 문제에 접근하는 것이 바람직했다.

당에서도 이런 움직임에 박자를 맞춰줘야 한다고 봤다. 일본 국민 전체를 대상으로 하는 메시지보다는 일본의 특정 우익 세력을 대상으로 하는 메시지를 표현해 일본 국민과 극우 세력을 분리해서 대처하는 것이 적절했다. 일본의 양심적 지식인 그룹을 옹호하고 일본의 역사교과서 왜곡 문제에 대한 초당적 대처 분위기를 주도해 여야 공동의 대책위를 구성하고 공동결의문을 발표하라는 제안을 했다. 정부는 역사교과서로 형성된 반일 감정을 월드컵 무드로 활용하는 전략이 필요했다. 역사교과서 문제는 일본이 여전히 우리를 무시하고 있다는 증거이며, 월드컵을 통해서 우리 국민들의 힘을 보여주자는 논리를 형성해 승일(勝日) 월드컵 캠페인을 전개하자는 대안이 만들어졌다.

이어진 2002년 한일 월드컵은 국가적으로 큰 행사였던 만큼 PI팀에게 만만치 않은 과제였다. 우리 팀은 먼저 월드컵의 정치외교적 의미를 미국 테러 사건 이후 전쟁과 테러의 공포를 겪고 있는 세계인들에게 보내는 평화 행사이자 노벨 평화상 수상자 및 20세기 최후의 냉전 국가가 전 세계인들에게 보내는 평화의 메시지로 해석했다. 그리고 월드컵을 통해 IMF 외환 위기로 실추된 국가 이미지를 제고하고 협력적 한일 관계를 재정립하자는 의견을 피력했다. 경제적으로 월드컵은 국가 이미지 제고를 통해 한국 상품의 해외 진출 확대를 기대할 수 있고, 월드컵을 통한 관련 산업 성장과 지역경제 활성화, 고용 증대와 내수경기 촉진을 꾀할 수 있는 좋은 기회였다.

월드컵에 대비해 대통령은 대국민 월드컵 준비 보고회, 외국계 상공회의소 관계자들과의 대화, 월드컵 특수 관련 기업 방문, 월드컵 안전 종합대책 점검회의, 월드컵 선수단 및 준비 관련자 초청행사, 월드컵 경제 효과 극대화 전략회의, 세계평화 선언 등 다양한 활동을 하면서 월드컵을 통한 평화의 메시지를 전달하고 대외 관계를 증진시키는 노력을 하는 것이 바람직하다는 의견을 전달했다.

여기에 더해 국가대표 축구팀 방문 시 어떤 선물을 하는 것이 좋은지에 대한 전략도 제시했다. 우리 팀의 제안은 한국인이 즐기던 악기이자 승전고를 통해 국민들의 월드컵 승리에 대한 여망을 상징적으로 전달할 수 있는 '북'과 예로부터 사람에게 정기를 불어넣어 희망과 소망을 주고 재앙을 미리 알려주며 많은 사람을 모이게 하여 우리 생활 속에 번영, 행운, 우정, 자유, 평화의 가치를 전해줄 수 있는 '모형종', 그리고 한반도를 닮았으며 호랑이 같은 기상을 그라운드에서 보여줄 것을 당부하는 의미의 '호랑이 민화'까지 세 가지였다.

이처럼 금강기획 PI팀은 대통령과 관련한 정치적, 사회적, 국제적 문제를 총체적으로 들여다 보며 최적의 안을 제시하는 역할을 수행했다. 이때의 경험은 나에게 사회 전반에 대한 지식과 통찰력을 크게 높여주었다. 또한 PI로 인해 대통령에 대한 국민들의 인식 변화가 실제로 일어나는 걸 지켜보면서 훗날 커뮤니케이션 전문가로 성장하는 데에 도움을 주는 중요한 실무 경험을 쌓을 수 있었다.

소셜캠페인 개척자 : 연결되어 바뀌가자

박원순 시장과의 첫 인연

아직도 사람들은 나에게 어떻게 서울시에서 일하게 되었는지를 묻곤 한다. 매출 수십억 원대의 회사를 팽개치고 공직에 몸담은 것이 단번에 이해가 될 만큼 사명감 높은 인물로 보이지 않는 모양이다. 만약 시간을 돌려 그때로 돌아간다면 같은 선택을 할까? 솔직히 아직은 잘 모르겠다.

고백하자면 나는 그다지 좋은 아빠는 못된다. 늘 밖에서 열심히 일하는 책임감 있는 아빠 정도는 될 것 같긴 하다. 그나마 아이들과 함께하는 건 심야 영화를 보는 것이다. 최근에는 영화 〈대장 김창수〉를 보면서 아이들과 여러 이야기를 나눴다. 역사 숙제를 도와주는 셈 치고 〈남한산성〉과 같은 영화를 보며 토론할 때도 있다. 하지만 아무래도 일반적인 일을 하는 아빠들보다는 덜 가정적이고 아이들이 알아서 잘 커주길 바라는 방목형 학부모다.

그럼에도 문득문득 드는 불안은 아이들을 무턱대고 풀어놓아도 알아서 잘 클 만큼 우리 사회가 건강하지 않다는 걱정에서 비롯된다. 확실한 사실은 한 가지다. 나는 그저 서울에서 살아가는 한 사람의 남편이자 아이들의 아버지로서 대단한 공명심이 아니라 내 가족과 이웃들이 살기에 조금 더 나은 서울을 만들고자 이 일에 뛰어들었다는 것이다. 남들 앞에서는 잘나가는 CEO로 행세했지만 나 역시 이 빡빡한 사회에서 도대체 아이들은 어떻게 키우고 노후는 어떻게 준비할지 등을 생각하면 별수 없는 40대 가장 그 이상도 이하도 아니었다. 내 손으로 직접 막막한 미래의 실마리를 잡아볼 수 있을 거란 희망이 박원순 시장과 함께할 수 있게 하지 않았나 싶다.

박원순 서울시장과의 인연은 2000년으로 거슬러 올라간다. 그때 나는 결혼을 앞두고 뭔가 의미 있는 일을 만들고 싶었다. 그러다 우연찮게 아름다운재단과 동아일보가 하는 '1%가 세상을 바꾼다'는 나눔캠페인을 접했다. 자신이 가진 1%를 세상에 나누자는 메시지로 월급의 1%, 재능 1% 등을 나누는 사람들이 캠페인에 소개됐다. 불현듯 결혼 축의금 1%를 기부해보면 좋겠다는 생각이 들었다. 바로 신문에 적힌 문의처에 전화를 했고 결혼 축의금의 1%를 기부하고 싶다고 했다. 담당자는 기뻐하며 신문에 내 사연을 소개하고 싶다고 했고, 그렇게 나와 아내는 공식적으로 결혼 축의금 1% 기부 1호 부부가 됐다.

그 후로도 월급의 1%, 재능의 1%, 돌잔치 축하금의 1%를 기부하면서 박원순 시장의 나눔 철학에 빠져들었고, 그가 하는 아름다운가게, 희망제작소 관련 사업에 적극적 지지를 보냈다. 그때 그와 나의 관계를 따지면, 나는 커뮤니케이션 기술을 기반으로 한 주요 재능 기부자 중 한 사람이었고 박원순 시장은 NGO를 이끄는 리더였다.

사실 서울시에서 만나기 전에 그와 같이 일할 수 있는 기회가 2007년에 한 차례 있었다. 박원순 시장이 희망제작소를 만들 때 나에게 연구원으로 함께할 것을 제안했었다. 그러나 그때는 가정을 꾸리고 열심히 사업을 하고 있던 터라 그의 제안을 받아들일 수 없었다. 다만 열성 기부자로 계속 인연을 쌓으며 기회가 닿으면 객원연구원으로서 목민관학교의 슬로건('앞선 사람들의 이유 있는 선택')을 만드는 데 기여하고 시민들의 사회혁신 아이디어를 평가하는 일 등을 하며 그를 틈틈이 도왔다.

2009년에는 박원순 시장의 트위터 사부 노릇을 했다. 지금이야 박원순 시장이 SNS의 달인이지만 그때만 해도 소셜미디어를 시작하지 않은 상태였다. 당시 박원순 시장이 진행하는 참여연대 특강에서 박원순 시장을 만났는데 나는 그에게 트위터를 해볼 것을 권했다. 소통을 중요하게 생각했던 그는 주저하지 않고 트위터를 가르쳐달라고 했고 몇몇 분들과 함께 그에게 몇 가지를 알려주었다. RT를 받기 위해서는 140자를 다 쓰려고 해서는 안 된다는 것, 너무 무거운 주제만 이야기하지 말고 음식이나 기호 등 일상을 드러내는 것이 좋다는 것, 마침표를 찍는 글보다는 질문을 던지는 방식이 좋겠다는 등의 조언을 했다.

그는 트렌트를 따라가는 데 주저함이 없었다. 그 길로 바로 트위터를 개설하고 얼마 지나지 않아 대한민국 대표 트위터리안이 됐다. 박원순 시장은 사람들이 이렇게 좋은 도구를 쓰지 않는 것이 문제라며 열혈 트위터 전도사가 됐다. 그에게 시달린 희망제작소 간사들이 나를 원망했을지도 모르겠다. 여기에 그치지 않고 얼마 지나지 않아 박원순 시장이 관여하는 단체에서 구글독스 사용이 일반화되고 온라인에서 1,000명 이상의 사람이 모여 집단토론을 벌이는 일도 왕왕 일어났다. 가히 청출어람이라 불릴 만하다.

그리고 2011년 9월, 박원순 시장이 서울시장 후보에 나섰다. 2010년 가까스로 재선에 성공한 오세훈 시장은 무상 급식을 세금 급식이라고 규정하고 주민투표 결과에 시장직을 거는 정치적 승부수를 던졌다. 이렇다 할 차세대 주자가 없었던 진보 진영에서는 이를 국면 전환을 위한 모멘텀으로 삼아 총력전을 펼쳤다. 주민투표 참여는 무상급식을 반대하는 것이고, 주민투표 불참은 무상급식을 찬성하는 프레임이 만들어졌다. 결국 오세훈 시장은 사임했고, 서울시는 서울시장 재보궐 선거를 급히 치러야 했다.

이때 지리산 중산리에서 시작해 설악산 마등령에 이르는 680km의 백두대간 종주 중이었던 박원순 희망제작소 상임이사는 출마를 결심했다. 이전에 내가 '서울시장을 해보면 어떻겠느냐' 제안을 한 적이 있는데 그런 일은 절대 없다고 고개를 저었던 그였다. 그의 말마따나 산행 중 제사상의 떡과 술을 훔쳐먹은 탓에 '산신령의 저주'를 받아 그 길에 나섰는지도 모르겠다.

서울시 최연소 보좌관이 되다

사실 박원순 시장은 오래 전부터 정치 참여 요구를 받아왔다. 김대중 정권 때 감사원장 사무총장직을 권유받은 것을 시작으로 김대중 정권 민정수석직, 한나라당 공천심사위원장,

민주당 공천심사위원장을 제안받았다. 하지만 그는 시민운동에서 정치적 중립을 늘 중요하게 생각했기에 완강히 정치 참여를 부정해왔다. 이후 이러한 러브콜은 박원순 시장이 참여연대에서 추진했던 '낙천낙선운동'으로 정치권의 저승사자로 군림하면서 뚝 끊겼다. 그러던 그를 기어이 출마시킨 건 산신령이 아니라 이명박 정권이다. 당시 정권의 전반적인 역행과 국가정보원의 사찰 등의 탄압으로 박원순 시장이 받은 고통은 — 최근에서야 '박원순 제압 문건'이라는 이름하에 실체가 낱낱이 드러나고 있지만 — 알만한 사람은 다 아는 사실이었다.

처음 출마했을 때 그의 지지율은 5%에 불과했다. 여론 주도층은 박원순의 존재와 가치를 높이 평가하고 있었지만, 당시 여론조사에 나타난 인지도나 지지도는 의외로 낮았다. 박원순 시장이 2000년대 중반 이래 자신의 이름을 내세우기보다는 의미 있는 일 찾기에 몰두하면서 언론 노출 빈도는 현격하게 줄어들었고, 또 정치 참여 제안을 번번이 거절했기 때문이다. 시민사회 내 그의 영향력을 알고 있던 나를 포함한 많은 사람들에게는 꽤나 충격적인 숫자였다.

하지만 나는 지지율과 상관없이 그가 서울시장이 되는 것을 진심으로 원했기에 선거캠프에서 일하고 싶다고 자청했다. 그는 역사가 주는 물음과 시대정신에 맞서서 싸워온 사람이다. 인권과 민주주의 유린 시절 그는 인권변호사였고, 시민 시대가 열리고 시민 참여의 가치가 부각될 때는 참여연대를 열었고 나눔과 사회통합을 위해 아름다운재단을 만들었다. 사회적 경제는 아름다운가게와 공정무역커피로 실현했다. 일찍이 민생과 삶의 질 혁신과 협치, 소통참여, 공동체적 가치를 희망제작소를 통해 전했다. 마틴 루터 킹(Martin Luther King) 목사는 "허영은 그것이 인기가 많은지 묻습니다. 하지만 양심은 그것이 옳은 것인지를 묻습니다"라고 말했다. 나는 양심의 물음에 따라서 박원순 편에 섰다.

박원순 시장이 산 속에서 출마를 결심하고 얼마 지나지 않아 2011년 9월 안철수의 출마 소식이 전해졌다. 그러나 안철수는 산행에서 돌아온 박원순 시장과 충청로 오피스텔에서 잠깐 이야기를 나누고는 서울시장에 출마하지 않겠다고 선언했다. 잘 알려진 역사적인 단일화이자 가장 감동적인 단일화였다. 당선이 유력한 앞선 후보가 추격자에게 양보한 사례는 정치사에 흔하지 않다. 그 감동적 결단은 안철수가 대선 후보가 되는 데 큰 근거가 됐으며 지금까지도 그의 가장 큰 정치적 자산으로 이야기되고 있다. 그러나 가끔 그의 참모들 중 일부가 그때 양보해서 당선됐으니 빚을 갚으라는 식의 민주주의와 선거를 희화화하는 제안을 해서 아름다운 용단에 흠집을 내기도 한다. 민주주의 사회에서 선출직을 어찌 물건처럼 주고받을 수 있을까? 선거를 통해 뽑히는 선출직은 국민의 뜻에 따라 만들어지는 것으로 양보를 운운한다면 이는 민주주의 정신을 훼손하는 것이다.

이이진 야권 난일후보 경선에서 박원순 시장은 민주당의 박영선 후보와 맞붙었다. 대중적 지지도가 높은 박원순 측은 여론조사에, 조직력이 강한 박영선 측은 현장투표에 강했는데 박원순 측이 대폭 양보했음에도 불구하고 배심원 평가(54.4% 대 44.1%)와 여론조사(57.65% 대 39.7%)에서 앞서 박원순 희망제작소 상임이사는 야권의 서울시장 단일후보에 선출되었다. 당시 나는 운영하던 회사가 있었지만 선거 기간이 그렇게 길지 않았고 대한민국 리더십이 바뀌어야 한다는 생각을 강하게 갖고 있었기 때문에 숙고 끝에 임직원들과 상의한 후 본격적으로 박원순 서울시장 후보 선거캠프에서 자원활동을 시작했다.

커뮤니케이션 전문가로서 캠프에 일을 자청했지만 선거 초반에 내 위치는 애매하기만 했다. 박원순 캠프에는 이미 시민운동 영역에 잔뼈가 굵은 그의 측근들이 중요한 업무를 분담해 선뜻 내 일이 생기지 않았다. 다시 회사에 돌아갈까 생각도 했지만 기왕 시작한 일이니 뭐든 하자는 심정으로 가끔 자원활동가들의 밥도 사고 깍두기처럼 캠프 내의 크고 작은 일들을 거들었다. 그러던 차에 유창주 선배(전 서울시 미디어특보)가 내게 박원순 시장 후보의 SNS 캠페인을 맡아서 해볼 생각이 없는지 물어왔다. 뭐든 역할이 있는 것이 좋겠다는 생각에 캠프의 SNS 담당자가 되었다.

선거 운동은 하루하루가 전쟁이었다. 정신 없이 달린 몇 달 후 10월 26일, 결전의 날은 밝았고 우리 캠프는 53.4%를 득표했다. 상대 후보인 나경원 의원보다 7.19% 더 높았다. 25개 구 가운데 서초·강남·송파·용산구를 제외한 나머지 21개 구에서 박원순 시장이 앞섰다. 박원순 시장의 승리 선언은 지금도 생생하다.

"오늘 이 자리에서 서울시민의 승리를 엄숙히 선언합니다. 시민은 권력을 이기고, 투표가 낡은 시대를 이겼습니다. 상식과 원칙이 이겼습니다. 오늘 우리는 새로운 시대를 선택한 것입니다."

그의 말을 들으며 동고동락한 캠프 사람들과 어깨동무를 하고 어린아이처럼 기뻐했다. 중요한 한 고비를 넘겼다는 느낌이 들었다.

박원순의 승리로 선거가 끝난 후 한동안 비워두었던 회사로 돌아와 다시 내 일에 빠져들려는 찰나, 뜻밖에 박원순 시장이 직접 전화를 걸어왔다. 서울시에서 함께 일해보자는 제안이었다. 서울시로 들어가면 회사는 그만둘 수밖에 없었다. 피땀 흘려 일궈놓은 회사를 떠나 낯선 일에 도전한다는 게 쉬운 일은 아니었다. 한창 아이들은 클 나이였고 나만 바라보는 직원도 여럿이었다. 한동안 고민했지만 박원순이라는 인물 밑에서라면 회사를 떠나서라도 도전해볼 가치가 있겠다는 게 나의 최종 선택이었다. 그렇게 나는 '기획비서관'이라는 직함을 달고 시청에서 일하게 되었다.

내 인생에서 중요한 전환점이 된 서울시와의 만남은 이렇게 시작되었다. 우여곡절이 많았지만 더없이 소중한 경험인 것은 분명하다. 무엇보다 서울시에서 일하며 나는 한 명의 인간으로 더욱 성장했다. 박원순 시장의 바로 옆에서 일하며 나에게 생긴 큰 변화는 겸손이다. 박원순 시장을 만나기 전의 나는 고집스럽고 거칠었다. 그러나 박원순이라는 사람이 일을 만들어가는 과정을 지켜보며 자신을 낮출 줄 아는 것이 얼마나 큰 힘인가를 깨닫게 되었다. 겸손의 힘은 실로 크다. 겸손한 사람은 나와는 다른 상대를 얕잡아보거나 적대하는 대신 나를 발전시켜줄 수 있는 대상으로 여겨 적과 아군을 가리지 않고 성장의 대상으로 삼는다.

서울시장실에서 박원순 시장에게 현안 보고 중.
흑백 사진이라 드러나진 않지만 당시 머리색이 노란색이었다. 당시 금발 머리를 한 내게 동료들은 금천에 산다고 '금천발전 머리'냐며 놀리곤 했다.

SNS 선거혁명

돌이켜보면 박원순의 시장 당선은 기적과도 같은 일이다. 지리산 종주 중 출마를 결심한 지지율 5% 후보가 유력 후보와의 단판을 통해 단일화를 하고, 다시 거대야당의 후보와 단일화 경선에서 이겨 야권의 단일후보가 되고, 마지막으로 여당의 후보를 이겨서 얻어낸 것이다. 당시 박원순 선거캠프는 민주당과 한나라당에 비하면 아마추어였고 돈도 경험도 미숙하기만 했다. 오로지 시민들의 힘으로 일궈낸 승리였다. 5,778명의 시민이 '박원순 펀드'에 38억 8,500만 원을 투자해주었고, 많은 사람들이 후원금을 냈다. 트위터 등 SNS와 인터넷 댓글이 가장 큰 지원부대가 되었다.

SNS팀은 그런 흐름을 부추기는 전략을 세웠다. 이름하여 '촉매 전략'이다. 많은 사람들이 박원순 캠프가 엄청난 댓글 부대를 운영했다고 생각한다. 그렇지 않고서야 SNS에서의 압도적 우위를 만들기 어렵다고 추측하는 것이다. 그러나 박원순 캠프의 SNS팀은 겨우 10명 남짓의 외인부대였다.

선거 초반에는 박원순과 관련한 콘텐츠를 만드는 게 아니라 콘텐츠를 찾아서 확산하려 노력했다. 박원순 후보가 살아온 삶과 관련된 이야기를 누군가 자신의 계정에 올려놓았다면 그것을 적극적으로 활용하는 방법이다. 작정하고 찾아보니 박원순 후보와 관련된 콘텐츠는 차고 넘쳤다. 박원순 후보가 변호사 시절 쓴 유언장은 이미 많은 사람들이 퍼날랐던 에버그린 콘텐츠였고, 박원순 후보가 출연했던 방송 콘텐츠도 유용한 소재였다. 우리 팀의 일은 그 중 선거에 도움이 될 만한 콘텐츠를 큐레이션하는 것이었다. 예를 들면 이런 식이다. 선거가 진행 중이던 어느 날 아침 팀원들의 SNS 채팅방에 '오늘쯤은 나경원 후보와 비교하는 짤이 좀 있지 않을까요? 찾아봅시다!'라고 올리면 팀원 중 한 명이 박원순 후보의 삶과 나경원 후보의 삶을 우리 현대사의 중요한 사건과 비교하는 인포그라피 방식의 콘텐츠를 찾아서 올렸다. 이거다 싶어 적극 유통시켜보니 아니나 다를까 열렬한 호응이 뒤따랐다.

결국 선거에서 SNS팀이 해야 할 일은 그것이 자신들이 만든 콘텐츠든 다른 사람이 만든 콘텐츠든 유리한 콘텐츠의 점유율을 높이는 일이라 생각한다. 그러기 위해서는 확산과 공유가 될 만한 공감대가 큰 콘텐츠를 만들거나 찾아야 한다. SNS 유저들은 늘 포스팅 소재를 찾고 있다. 그리고 자신이 포스팅한 콘텐츠가 더 많이 확산되기를 바란다. 이런 유저들의 심리를 활용해서 박원순 캠프는 캠프가 자체적으로 만드는 콘텐츠 대신 선거소비자가 만들어준 콘텐츠를 소비함으로써 콘텐츠를 생산해준 사람을 주인공으로 만들면서 우리에게 유리한 콘텐츠의 점유율도 높이는 1석 2조의 효과를 거둘 수 있었다.

이런 SNS의 확산과 공유를 염두에 둔 전략은 배너 광고에도 적용되었다. 경쟁자였던 나경원 후보의 광고는 예상대로 배너 광고를 누르면 자신의 홈페이지로 이동하는 지극히 평범하고 예측가능한 방식의 디지털 캠페인 광고였다. 우리는 그보다는 SNS의 확산력을 최대한 활용하는 광고 전략을 세웠다. 광고를 보고 난 후 SNS에 로그인하면 페이스북 담벼락이나 트위터 멘션으로 그 광고가 2차 전달되는 방식이다. 이렇게 하면 광고의 2차 확산을 유도할 수 있고 SNS 친구들에게 정치적 커밍아웃을 하는 효과도 있었다. 당시 1만 명 이상이 로그인하면서 1차로 광고를 보고 2차로 1만 명이 자신의 팔로워에게 광고를 전달했으니 팔로워 100명을 평균으로 잡아도 100만 건 이상의 노출이 됐을 것이고, 이를 본 누군가가 '좋아요'를 누르고 공유한 것까지 생각하면 그 이상의 효과를 봤을 것이다.

지금이야 선거에서 SNS의 영향력이 상당하지만 2011년만 해도 선거에서 SNS의 역할이 미비했고 그에 대한 인식도 현저히 낮았다. 2011년 서울시장 재보궐 선거는 '기득권 미디어와 뉴미디어 간의 대결'이었다는 평가가 있을 정도로 뉴미디어가 선거 전면에 부상하는 계기가 됐다. 기존 미디어의 의

제 설정이 뉴미디어 내에서 재해석되면서 선거의 흐름은 기득권 미디어들이 의도했던 대로 가지 않았다. 선거가 끝난 후 박원순 캠프는 기존 정당에 비해 모든 것이 뒤처졌지만 SNS 전략만큼은 확실히 우위를 점했다는 평가를 받았다.

민주당 박영선 후보에 비해 대단히 불리하다는 평가를 받았던 범야권 단일후보 경선 현장에서의 역전도 SNS의 힘이었다. 박원순 후보 지지자들은 페이스북과 다음 카페에 개설된 팬클럽, 트위터를 통해 박원순 지지를 독려하고 파워트위터리안을 섭외해서 20~30대의 투표 참가를 부탁했다. 파워트위터리안으로 지목된 조국 교수와 공지영 작가가 이를 흔쾌히 받아들였다. 10만 명이 넘는 팔로워를 보유한 조국 교수와 공지영 작가의 한마디는 오프라인 선거 운동에서 보기 힘든 어머어마한 효과를 냈다. 아울러 그때부터 시작된 팟캐스트 〈나는 꼼수다〉•의 공도 지대했다. 100만 이상의 청취자를 무기로 기존 미디어의 왜곡된 보도에 맞서서 새로운 시각을 전하는 나꼼수는 든든한 우군이었다. 박원순 후보에게 절대적으로 불리한 체육관 경선에서도 젊은 층의 참여를 유도했던 것은 SNS와 나꼼수의 힘이었다.

• 인터넷 신문 <딴지일보>가 방송했던 시사풍자 팟캐스트(인터넷 라디오)이다.

2011년 서울시장 재보궐 선거는 분명 SNS라는 뉴미디어가 적극 역할을 했던 우리나라의 첫 번째 선거다. 이에 영향을 받아 국가기관의 조직적 SNS 대책과 정치 개입 활동이 본격적으로 시작된 것은 필연이라고 해야 할지 불행이라고 해야 할지. 지금 밝혀지고 있는 국정원의 댓글 공작과 군 사이버사령부의 여론 조작 등은 2011년 선거 패배에 대한 반성에서 기인한 것이다.

2011년 서울시장 재보궐 선거 이후 국정원이 작성한 박원순 제압 문건을 보면 당시 이명박 정부가 온라인 공간에서의 여론전에 얼마나 신경을 쓰고 있었는지를 알 수 있다. 천만 시민이 투표로 뽑은 시장을 각종 공작 정치를 통해서 제압하자며 사실과 다른 아들 병역 건을 소셜미디어를 통해 광범위하게 퍼트렸다. 아울러 트위터, 아고라 등 상대적으로 진보적이라고 하는 온라인 공간을 진흙탕으로 만들어서 불능화시켰다. 이런 식으로 국정원과 군의 댓글 쿠데타가 박근혜 정권을 탄생시켰으니, 결국 박근혜 정권 탄핵의 책임은 불법적인 방법으로 정권 탄생에 기여한 이명박 정권에게도 있는 것이다. 이명박 정권은 본인들을 감싸줄 수 있는 보수 정권을 탄생시켜야 할 만큼 큰 죄를 짓고 있었던 게 아니겠는가. 한마디로 악순환이다.

SNS를 포함한 각종 미디어의 반응은 박원순 캠프에게 선거 전략의 줄기를 만들어가는 길잡이나 다름없었다. 우리 캠프는 기성 정치권이나 기성 정치인과의 거리 두기를 통해 정치 변화에 대한 국민적 요구에 부응하는 '박원순 선택'의 의미를 부여하려 했다. 결국 박원순을 선택하는 것이 변화이고 그것은 단순히 서울의 변화가 아닌 대한민국의 변화를 만든다는 점을 이야기하길 원했다. 이명박 정권에 대해 분노하지만 실질적 대안을 만들지 못하고 침체해있던 진보진영에 희망이 있음을 보여주고 싶었다. 그런 취지로 '대한민국의 변화, 서울에서 시작됩니다', '서울이 바뀌면 대한민국이 바뀌고 대한민국의 정치가 바뀝니다'와 같은 문구를 점차 부각시켰다.

선거에 나온 박원순 후보의 이미지는 '진보적 시민운동가', '어려운 사람을 대변하는 따뜻한 사람' 정도였다. 박원순 후보가 가지고 있는 장점이 정치가로서의 기대와 희망으로 전이되어야 했다. 아울러 인기가 아닌 정치적 지지로 이어져야 할 필요가 있었다. 그러기 위해 기존 인식 자산에 기초하여 약점을 보완하고 가치 요소를 강화했다. 첫 번째는 단순한 정치인이 아닌 서울시장 후보로서의 행보를 강조했다. 지방자치, 지방행정, 도시혁신 분야의 전문성 축적, 인간 중심의 도시, 살기 좋은 도시를 만들어가는 데 구시대적 이념은 용도가 없으며 정보화와 환경 중시, 지속가능성이 중요한 21세기에 인간의 삶과 공동체 활성화라는 가치를 지향하기 위해서는 전통적 고정관념을 떠나 새로운 발상과 안목이 필요하다는 게 핵심이다. 두 번째로 능력 요소를 부각시켰다. 견제와 비판 위주의 시민운동가가 아니라 가장 앞선, 가장 현대적인(Contemporary) 도시혁신전문가가 박원순이라는 점을 강조했다. 시민운동이 진화한 표본이 박원순이기에 그야말로 도시공동체를 만들어 갈 적임자라는 것이다. 세 번째로 박원순이 가진 국제사회의 명성, 능력의 증거를 글로벌 차원에서 찾아 제시하려 했다. 글로벌 이미지를 가진 해외인사 등을 초빙해 국내 정치인 출신 후보와 대비하고 우물 안 개구리식의 시정 운영은 안 된다는 점을 드러냈다.

그 결과 선거 전략의 기조는 '변화 대 정체', '사람 중심 알뜰행정 대 낭비와 전시성 토목행정', '새로운 패러다임을 만드는 시민행정가'로 정리되었다. 슬로건은 '새로운 서울, 박원순이 하면 다릅니다', '내 삶을 바꾸는 첫 번째 시장', '그렇습니다, 시민이 시장입니다'로 정해졌다. 더불어 포지티브 선거를 지향해 잘못된 정책은 비판과 대안을 제시하지만 개인 공격, 비방은 자제하기로 했다. 우리의 차별화는 희망의 변화, 새로운 정치에 있다는 판단에서였다. 네거티브 공격은 일일이 대응하기보다는 구태정치로 포괄적인 규정을 했다. 정책은 거대한 프로젝트와 같이 보여주기식 사업보다는 현장과 경청을 통해 실질적 도움을 주는 생활밀착형 정책을 구상했다. 이 모든 것이 기존 정치와 다른 박원순의 새로움을 보여주기 위한 방법이었다.

우선 뉴미디어 플랫폼의 특성에 맞는 전략을 수립하고 목표 중심적 활동을 고려해 운영했다. 다양한 소셜미디어 플랫폼과 도구의 특성을 분석하여 이에 맞는 운영 전략을 준비했고 각 소셜미디어별 운영팀을 별도로 두어 책임감 있게 활동할 수 있도록 했다. 이에 따라 페이스북, 트위터, 뉴스레터 등의 담당자들이 정해졌다.

우리는 선거 운동 기간을 크게 세 시기로 나누고 투표 참여를 독려하는 '투표온 캠페인'을 시작했다. 그 내용은 안드로이드 마켓에서 애플리케이션을 다운 받아 박원순 검색하기, 투표 인증샷 참여하기, 내가 활동하는 커뮤니티에 박원순 관련 자료 올리기, 트위터와 페이스북 계정을 만들어 팔로잉하고 친구 맺기 등이다. 간단하지만 확장성 높은 행동들을 주문해 박원순과 관련된 키워드가 확산되는 데에 초점을 맞췄다.

특히 'One+100'과 같은 프로젝트는 대표적인 트위터리안 양병 프로젝트였다. 트위터 계정을 만들고 팔로워를 늘린

후 지속적으로 박원순과 관련한 트윗을 남기면서 한 사람이 100명의 트위터리안을 만들어보자는 계획이었다. 블로그나 트위터를 실시간으로 모니터링하며 '넷심'이 어디로 가는지 파악해 신속히 대응하는 것 또한 내 몫이었다. 당시는 안철수와 박원순 간의 끈끈한 관계와 언론에 노출된 박원순 후보의 낡은 신발이 주는 검소함이 SNS 상에서 큰 화제였다.

SNS를 통한 시민 참여는 다양한 방식으로 시도했다. 소셜미디어를 통해서 시민들의 아이디어를 받아 정책을 만들어보기도 했다. 선거가 마무리되던 어느 날 기동민 당시 캠프 비서실장(현 국회의원)에게 전화가 왔다. 제안된 정책에 대해 후보가 답할 수 있는 기획을 해달라는 것이었다. 나는 인터넷 방송을 통해서 시장님이 정책을 읽어주고 즉석에서 캠프의 정책을 만드는 '원순씨의 정책뉴스'를 제안해 바로 시행하자고 했다. 아무리 인터넷 방송이어도 배경에는 신경을 써야 할 것 같아 당시 유행했던 방송 프로그램을 모티브로 삼아 유세장에서 지지자들에게 포스트잇으로 의견을 받았고 온라인으로도 제안을 받아 일일이 포스트잇에 써서 '포스트잇 벽'을 만들었다. 완성되고 보니 꽤 그럴싸한 그림이 만들어졌다. 급하게 준비했지만 박원순 후보의 순발력으로 방송은 잘 마무리되었고, 정책 제안에 대한 시민들의 호응은 캠프가 생각했던 것보다 폭발적이었다. 박원순 후보는 방송에서 배경에 있는 포스트잇을 자신이 당선된다면 시장실로도 옮기겠다고 약속했고 실제로도 이루어져 포스트잇 벽은 박원순 시장의 상징처럼 되었다. 이후 온라인을 통한 라이브 방송은 '원순씨의 서울이야기', 페이스북 라이브를 통한 '원순씨 X-File'로 명맥을 이어갔다.

또 '박원순과 함께하는 이야기 콘서트' 일명 '박콘'은 광화문을 거점으로 시민들의 자유발언과 정치인 및 유명인들의 토크 콘서트였다. 광화문 유세를 SNS 중심으로 홍보하고 시민연사를 확보해 운영했다. 기존 정당 유세와는 차별화된 선거운동으로 서울시민들의 자발적 참여 공간을 확보하고 합창을 하며 새로운 정치를 염원하는 시민참여유세단도 기획했다. 이러한 시민 참여의 홍보와 소통, 운영에는 원순닷컴, 팬클럽, 트위터, 카카오톡, 페이스북이 핵심적인 기능을 담당했다.

매주 1회 진행했던 페이스북 라이브 방송 '원순씨 X-File' 준비 중.
박원순 시장은 새로운 것에 대한 두려움이 없었다. 트위터 페리스코프와 페이스북 라이브도 가장 먼저 사용하고 응용했다. '원순씨 X-File'은 고정 시청층이 있을 만큼 자리를 잡았고 방송 때마다 뉴스를 만들었다.

재선 전쟁 : 파란을 일으키다

결국은 네트워크다

나는 2014년에 디지털 미디어팀장으로 또 한 번 박원순을 서울시장으로 만드는 선거를 치렀다. 그때 팀의 애칭을 '팀 파란'이라고 정하고 이번 서울시장 선거에 파란을 일으키자는 각오를 다졌다. 선거 전 세월호가 알 수 없는 이유로 침몰해 304명의 국민들이 차디찬 바다에 희생되는 일이 벌어졌다. 참으로 어처구니 없는 사건이었다. 정부는 진실을 규명할 생각은 하지 않고 본질과는 한참 먼 대책만 내놨다. 결국 세월호 참사에 대한 대응은 두고두고 박근혜 정부에게 부담으로 작용했고, 박근혜 대통령이 임기를 채우지 못하고 탄핵을 당한 주요 이유 중 하나가 되었다. 실시간으로 국민들이 수장되는 상황을 눈뜨고 보고 있었던 우리에게 세월호 사건은 '국가란 무엇인가?'라는 질문을 던졌다. 국민들 사이에서는 국민의 재산과 생명을 지켜주지 못하는 나라는 나라라고 할 수 없다며 선거를 통해서 이 분노를 분명하게 말하겠다는 분위기가 컸다.

박원순 시장의 재선에서도 SNS는 선거를 승리로 이끄는 유용한 수단이었다. 나는 이전보다 훨씬 SNS에 익숙해진 시민들을 대상으로 다시 한번 선거 운동에 나섰다. 디지털을 통한 체험과 경험들은 디지털 문화를 수용하는 데 익숙해지게 만든다. 그런 의미에서 신뢰는 디지털 시대에 가장 중요한 자산이다. 아무리 효율적일지라도 믿음이 생겨야 사용한다. 믿음이 없으면 페이먼트, 인터넷뱅크 같은 것들도 확산되지 않는다.

하지만 착각하지 말아야 할 것은 있다. 아무런 실존이 없는 후보가 오로지 SNS만의 힘으로 선거에서 승리하는 일은 있을 수 없다. 또 지지후보를 SNS만으로 180도 바꿔놓는 것 또한 상상하기 쉽지 않다. 이미 여당·야당 혹은 진보·보수 성향이 분명한 사람들은 트위터, 페이스북이야 어찌되었든 투표장에 갔을 것이고, 대부분은 자신이 애초에 판단했던 선택을 바꾸지 않았을 것이다. 냉정히 말하면 SNS는 특정한 정치적 성향을 가진 사람의 선택과 판단 자체를 바꿀 힘은 크지 않다. 그러나 소셜미디어의 영향력 중 확실한 것은 무관심했던 사람들, 특별한 동기가 없었으며 바쁘고 귀찮다는 핑계로 지나쳤을 사람들, 소위 '양심적 무당파층'을 투표장으로 이끈다는 점이다. 투표장에 가면 어쨌든 누군가 한 명은 선택해야 한다. 선거가 치열하면 치열할수록 중간층의 영향력이 중요해지기 때문에 중간층에 대한 공략이 선거의 결과를 바꿀 수 있다.

특정 후보가 어떤 방식과 전략을 통해서 SNS를 잘 관리하면 더 좋은 결과를 얻을 수 있기도 하지만 실제 선거에서 유권자들은 후보가 살아온 삶, 그 삶 속에서 후보가 했던 선택들, 그리고 그런 선택을 통해서 만들어진, 더 정확하게는 그냥 느껴지는 어떤 추상적인 이미지로 선택을 한다. 또 후보가 속한 정당이나 그룹이 해온 선택과 평가, 선거전 속에서 진행되는 검증과 논란을 통해서 비교되는 이미지를 보고 지지할 후보를 결정하고는 한다.

특히 소셜미디어 시대에 시민은 언론과 미디어를 통해 간접적 정보를 취득하는 것이 아니라 다양한 경로와 내용을 통해 직접적으로 듣고 판단하고 선택한다. 개방, 공유, 연결, 소통, 대화, 네트워크를 대표적인 키워드로 제시하고 있는 소셜미디어의 성과는 어느 날 갑자기 만들어지는 것이 아니다. 평상시의 모습과 태도가 쌓이고 쌓여서 영향을 주는 것이다.

선거에서 드러나는 소셜미디어의 진정한 힘은 '관계에 기반하는 네트워크'에 있다. 언론에서 보도하지 않거나 주요하게 다뤄지지 못한 이슈가 결정적인 역할을 할 수 있다. 특히나 이런 이슈는 처음에는 별 의미를 두지 않고 보지만 트위터에서 팔로잉하거나 페이스북에서 '좋아요'를 누르는 사람들의 기호와 선택은 개인에게 상당한 영향을 준다. 별 고민 없이 지나치려고 했던 사람들에게도 타임라인을 통해서 시도 때도 없이 보이는 선거 이야기와 투표 독려, 그리고 안 들으면 뒤처지는 것처럼 느끼게 만드는 트윗과 거기에서 만들어지는 폭발적인 파급력을 가진 이슈들이 실은 중요한 영향력을 행사할 수 있다.

다시 말해 소셜미디어는 정치에 적당히 거리를 두고 있었던 우리 주변의 누군가를 현장으로 불러온다. 정치적인 선택에서 판단을 보류했거나 선거를 그냥 지나쳤을 사람들의 관심을 환기시킨다. 따라서 정치를 하는 주체인 정당, 정치인 및 관계자들은 이제 '빅 스피커(Big Speaker)'가 아닌 '굿 리스너(Good Listener)'가 되어야 한다.

결론적으로 2011년 서울시장 선거 승리는 '이번만 믿고 찍어달라'는 식의 기존 정당의 소통방식을 뛰어넘어 수평적 커뮤니케이션의 방법을 적극적으로 활용한 캠프와 이를 수용한 박원순이라는 후보의 그릇이 빚어낸 결과물이었다. 시민은 더 이상 가만히 듣고 있지 않는다. SNS를 통해 실시간으로 소통하며 거리로 나서고 직접적으로 행동한다. 이 원칙을 잊는다면 선거 승리는 요원하다.

필승 3원칙

박원순 시장의 재선 당시 나는 크게 3가지 기조를 강조했다. 일명 '3대 중심론'으로 팀 내에서 회자된 내용이다. 첫 번째는 Mobile First다. Web Follow 웹페이지를 모바일 반응형으로 만드는 수준을 넘어서 처음부터 모바일 중심으로 콘텐츠 전략을 세우자는 것이다. 두 번째는 Curation First다. 무리해서 콘텐츠를 만들지 말고 확산되고 공유될 콘텐츠를 잘 찾자는 취지다. 세 번째는 산(散) First다. 합(合) Follow 포털을 만들 필요 없이 개별 SNS 거점을 콘텐츠 확산의 진지로 삼자는 것이다.

이런 기조하에 우리 팀에 소속된 팀원들은 디지털 캠페인의 새로운 역사를 써내려갔다. 개인적으로는 선거 시작 전 TV 프로그램 〈무한도전〉을 큐레이션한 기선 제압이 기억에 남는다. 2014년 6월 4일 지방선거는 선관위가 처음으로 투표율 제고를 위해서 사전투표제를 도입한 선거였다. 선관위는 사전투표제를 국민들에게 널리 알리기 위해서 인기 예능 프로그램 〈무한도전〉과 함께 PPL(간접 광고)•을 벌였다. 〈무한도전〉

• Product Placement의 약자로, 영화나 드라마 등에 간접적으로 광고하는 마케팅 기법을 말한다.

멤버들이 각자 공약을 내세우고 국민들이 리더를 뽑는 선거를 오프라인에서 하는 방식으로, 실제 전국에 투표소를 만들어서 〈무한도전〉 멤버들 중 한 사람에게 투표를 하는 게 방송의 내용이었다.

우리 팀은 투표 날 '무한도전'이 실시간 검색에 오를 것으로 예상하고 박원순 후보가 〈무한도전〉 투표에 국민의 한 사람으로 줄을 서서 참여하는 계획을 세웠다. 분명 〈무한도전〉의 연관검색어로 박원순이 오를 것이고 박원순 후보가 〈무한도전〉 후보 중 누구를 찍었는지가 SNS의 관심사일 것이 분명했던 까닭이다. 아울러 〈무한도전〉 멤버들의 주장을 반영한 박원순의 공약 패키지도 만들자는 생각을 했다.

당일 박원순 후보의 투표 참여 모습은 실시간 중계됐고 만 명 이상의 동시간 접속자가 그 모습을 봤다. 그의 투표 인증샷과 마치 유재석에게 투표한 듯한 멘션은 많은 사람들에게 재미를 줬다. 예상대로 '무한도전'과 '박원순'은 한참 동안 실시간 검색어 1위를 차지했고 극보수 커뮤니티에는 이렇게까지 하는 박원순은 못 당해내겠다는 자조 섞인 글이 올라올 정도였다. 기분 좋은 시작이었다.

그런데 선거 운동이 시작되면서 뜻하지 않은 문제가 생겼다. 홍보팀이 야심 차게 만든 포스터가 문제였다. 후보의 정면

이 아닌 측면이 부각되고 지나치게 어두운 느낌의 톤 앤 매너가 부정적인 느낌을 준다는 피드백이 급증한 것이다. SNS 상에서 '홍보팀이 X맨이다'라는 말이 나올 정도로 좋지 않은 반응이 돌아왔다. 나는 위기를 기회로 전환시킬 글을 써서 올리는 방식으로 난국을 돌파할 것을 제안했다. 그렇게 나온 글이 아래 글이다.

'시민이 옳습니다. 시민의 곁에서 늘 시민의 민생과 생활을 챙겨가겠다는 의지를 옆모습 사진을 통해서 전하려고 했으나 의도와 다르게 수용됐다면 우리들의 잘못입니다. 박원순 캠프의 부족함을 채워주십시오. 이제 시민 여러분은 단순 콘텐츠 소비자가 아닌 박원순 캠프의 핵심 참모입니다. 원순슈머가 되어주세요.'

페이스북과 트위터, 카카오스토리에 이런 내용의 글을 올리자마자 많은 분들이 본인들이 만든 포스터와 다양한 짤방들을 올려주셨다. 우리는 이것을 적극적으로 찾아서 박원순 후보 계정에 소개했다. 어떤 초등학생은 '타요 할아버지'라고 하며 크레파스로 포스터를 만들어 올렸고, 어떤 시민은 '의리시장'이라는 말로 박원순 시장이 공약 실천율이 높다는 메시지를 전했다. 영화 포스터를 패러디한 작품도 있었고, 본인이 찍은 박원순 후보의 사진으로 포스터를 만들어 매일 올려주는 시민도 있었다. 다시금 'Asking'의 중요성을 깨닫는 순간이었다. 이 시대의 유권자는 선거 콘텐츠에 있어 더 이상 단순 소비자에 머물지 않는다. 기업이 그러하듯이 소비자를 적극적으로 생산에 참여시키는 프로슈머와 같은 관점이 필요하다는 점이 이 사례를 통해 드러난다.

다음으로 기획했던 것은 단순 담벼락 멘션에 표기되는 방식을 넘어서는 '1만 디지털 캠프화'였다. 시민 각자가 운영하는 카페트(카카오스토리, 페이스북, 트위터의 줄임말) 스킨과 프로필에 박원순 후보를 지지하는 메시지나 아이콘을 표기하도록 유도하자는 것이었다. 그래서 기술적으로 구현해낸 것이 자신의 페이스북 아이디와 패스워드를 넣으면 자연스럽게 페이스북 프로필을 고르는 화면이 나오도록 하는 방식이다. 본인의 취향에 따라 박원순 후보의 슬로건이나 사진 등을 선택해서 프로필을 바꿀 수 있고, 스킨도 같은 방식으로 선택해서 바꿀 수 있게 했다. 이런 방식으로 지지자의 SNS를 디지털 캠프로 활용하는 것이다.

우리나라의 정서상 본인의 정치적 성향을 SNS에서 대놓고 이야기하기 쉽지 않음에도 만 명 이상의 사람들이 이 캠페인에 동참했다. 이런 캠페인 기법은 문재인 대통령 후보의 디지털 캠페인에서도 차용되어 많은 사람들에게 메시지가 확산되는 효과를 냈다. 자신의 사진을 이용해 문재인 후보의 공식 포스터와 같은 대선 후보 포스터를 만들 수 있는 소셜캠페인이나 '문재인 1번가'와 같은 캠페인도 소셜로그인을 통한 확산을 적극적으로 활용한 사례다.

Asking의 승리

2014년의 선거 캠페인이 2011년과 가장 크게 달라진 점은 SNS를 통한 네거티브 선거전이다. 박원순 시장 개인을 넘어 그의 가족에 대한 음해가 이어지는 상황에 대해 당사자도 괴로웠지만 이에 적절한 대응 방안을 마련해야 하는 캠프 또한 매번 치밀어 오르는 분노와 짜증을 견뎌야 했다.

나를 포함한 캠프의 결론은 네거티브에 일일이 대응하거나 상대를 네거티브로 되받아치지 않겠다는 것이다. 꼼수를 정수로 받는다는 말처럼 상대의 네거티브를 반복하면서 이야기하는 것은 상대의 의도에 말려들 소지가 있어서 가급적 지양했다. 어떤 주장에 대한 철회는 제기된 혐의에 비해 절대 중요한 역할을 하지 않는다. 그러므로 최악의 대응은 그 공격을 반복하면서 방어하는 것이다. 프레임을 부인하려고 할수록 오히려 프레임을 활성화시키는 상황이 된다. 프레임에 말려들지 않고 자신의 신념을 말함으로써 자신의 도덕 시스템을 활성화하고 논의의 중심을 이동시켜야 한다.

이슈 대응에서 네거티브에 대응하기보다는 우리가 주도하는 이슈를 지속적으로 확산시키자는 생각으로 자발적 우군화를 위한 디지털 네트워크 구축에 집중했다. 얼굴 없는 지지를 얼굴 있는 지지로 만들고, 점을 이어서 선을 만드는 작업을 시도했다. SNS 공간에서 파편화된 박원순의 지지층을 보다 뚜렷하고 확고하게 다지고, 박원순 지지층의 커뮤니티화와 팬덤을 만들어 가는 것이 전략적 목표였다. 구체적으로는 전략기획팀, 채널운영팀, 콘텐츠팀, 캠페인팀으로 팀을 구성하고 메시지를 만들어 확산·공유하고 그림과 글, 사진, 영상까지 다양한 콘텐츠를 생산하며 이를 캠페인으로 연결했다.

예를 들어 대중적 관심이 높은 '돔 야구장 건설'의 경우 선제적으로 이슈가 될 콘텐츠를 생산해 온라인 트래픽 확산을 유도하고 이에 어울리는 정책 포스팅을 올려 반응 댓글을 증가시키면서 기사화까지 이끌어내는 방식으로 '돔구장'을 실시간 검색어로 만들었다. 이런 식으로 '뽐뿌', '82쿡', '클리앙' 등 여러 사이트에 비슷한 내용의 투표 독려 게시물을 올렸는데 박원순 시장이 직접 인증한 게시글 같은 경우 '오늘의 유머' 사이트에서 하루 만에 100건 이상의 추천을 받고 여느 글보다 4~5배 많은 댓글이 달리기도 했다.

이외에 다양한 박원순의 이미지를 보여주기 위한 신규 SNS 채널 '플리커'와 박원순식 소통, 개방형 콘셉트에 맞는 신규 채널 '슬라이드쉐어'를 구축해 기본적으로 박원순과 관련된 콘텐츠의 접점을 다각화했다. 박원순 시장의 모든 정보가 담긴 '원순닷컴' 역시 리뉴얼 대상이었다. 박원순의 모든 콘텐츠를 모으고 공유하는 콘텐츠 허브 채널로 활용했다.

기존의 있는 콘텐츠만으로는 부족한 부분이 있었다. 소위 말해 '퍼갈 거리'가 부족하다고 판단하고 전 연령이 즐기는 웹툰을 제작하여 다양한 유세 활동을 알림과 동시에 '원순타임즈'라는 이름으로 박원순 시장의 여러 모습과 시정 활동을 스마트진으로 제작했다. 또 하루 12시간 실시간으로 운영되는 선거유세방송인 '박원순 TV'를 개국했다. 실시간 방송과 SNS 채널과 연계된 영상 콘텐츠 확산을 기대한 조치였다.

박원순 시장의 현재 위치를 나타내 시민들이 그를 쉽게 찾을 수 있도록 한 '원순씨를 찾아라'는 지지자들에게 재미와 공감을 함께 주려는 목적으로 제작했다. GPS(위성항법장치)를 탑재한 웨어러블 기기를 박원순 시장에게 장착시키고 지지자들이 선거 운동 기간 동안 그가 움직인 경로와 도보로 이동한 거리 등을 실시간으로 알 수 있게 해준 '원순씨를 찾아라' 사이트는 꽤나 화제가 되었다. 또 당시에는 흔치 않았던 증강현실 기술을 활용해 스마트선거 앱을 실행시키고 카메라 부분에 지폐를 갖다 대면 박원순 홍보 영상이 자동으로 나오는 애플리케이션도 지지자들에게 신선하게 다가갔다.

캠페인은 누구나 쉽게 접속할 수 있는 유머 콘텐츠를 매주 새롭게 진행하는 방식으로 기획했다. 지지자가 온라인으로 박원순 시장과 궁합을 볼 수 있는 캠페인 프로그램은 좋은 호응을 얻었다. 여기에 더해 '우리서울'은 SNS를 통해 시민과 정책·공약에 대한 의견을 나누는 캠페인이었다. 문재인 대통령 후보의 '문재인 1번가'와 같이 시민과 함께 정책을 만드는 플랫폼이었다. 웹페이지, 페이스북, 트위터 등 다양한 경로를 통해 시민 공약이 제안되면 투표 및 공유, 심사를 거쳐 가장 많은 표를 얻은 제안을 공약화하는 방식이었다. 공약을 제안하고 결정하는 사람이 모두 시민이라는 점에서 단순 참여를 넘어선 공약 입안자로서 지지자들을 등장시킬 수 있었다.

이렇게 만들어진 박원순의 온라인 지지층은 나날이 세를

더해갔다. 박원순 후보의 가족을 대상으로 네거티브에 열을 올리던 정몽준 후보는 정작 본인의 가족은 단속하지 못해 막내아들이 '국민은 미개하다'라는 발언을 개인 SNS에 올려 지지율을 떨어뜨렸다.

결과는 완승이었다. 개표 결과 박원순 시장은 서울시내 25개 구 가운데 서초구와 강남구를 제외한 23개 구에서 정몽준 후보를 앞섰으며 종합 득표율 55%로 재선에 성공했다. 박원순 시장은 "4년 더 시민이 시장이 되었다"며 소회를 밝혔다.

두 번의 선거에서 디지털 캠페인을 총괄할 수 있었던 것은 큰 행운이었다. 각각 선거의 양상은 달랐지만 디지털 캠페인에 적용된 일관된 기조는 분명했다. 우선 시민을 콘텐츠 소비자로만 보지 않고 생산자로 생각했다. 그리고 각각의 깨어 있는 적극적 지지층의 SNS를 점을 잇듯이 이어주려고 했다. 그 과정에서 유권자들은 서로 간의 관계가 생기고 그 관계는 팬덤으로 이어졌다. 나는 콘텐츠 생산자와 소비자를 나누지 않았다. 적극적 지지층의 콘텐츠 생산 능력을 독려하고 그것을 찾아서 큐레이션하는 것을 미션으로 삼았다. 재능 있는 지지층은 많고 어떤 Asking을 하느냐에 따라 응답이 달라진다. 물론 일련의 과정을 통해서 나 또한 부쩍 성장했다.

원더십
(박원순+리더십)

Park's way 십계명

박원순 시장을 떼어놓고 현재의 나를 이야기하기는 어렵다. 그만큼 여러 면에서 지금의 나는 박원순 시장에게 받은 영향이 크다. 박원순 시장과 함께한 6년의 시간 동안 내가 보고 들은 박원순 리더십의 특징을 정리하는 것은 의미 있는 일일 것이다. 나만의 '박원순 사용설명서'인 셈이다.

자칫 주례사 같은 이야기가 될 수 있겠다는 생각도 했지만 뻔한 주례사도 한 대목 정도는 '그래, 맞아' 하는 면이 있겠다 싶었다. 박원순 시장은 없던 것을 새로이 창조하는 개혁가이면서, 능동과 효율의 정점에 선 최고의 실무자이다. 그는 '하겠다'고 말하기보다 '했다'고 말하는 정치인이었다. 그래서 나는 그의 리더십을 '두더십(Do+Leadership)'이라 칭했다. 불가능한 꿈을 가능하게 만들어왔던 사람이기에 그의 방식을 잘 설명하는 것만으로도 충분한 설득력을 가지리라 봤다.

박원순이라는 리더를 지켜보며 정리한, 그의 가치이자 내가 지향하고 싶은 가치이기도 한 Park's way는 총 열 가지다.

첫 번째는 겸손한 리더십이다. 박원순 시장은 지속적으로 '사람이 혼자 많은 일을 할 수는 없다. 많은 일을 제대로 하기 위해서는 함께 팀워크를 갖춰 일해야 한다'는 것을 강조해왔다. 아무리 개인의 재능과 능력이 뛰어나다고 해도 자신의 힘만으로 하는 데는 한계가 있다. 자신이 속해 있는 부서원들의 동의와 지지, 협업과 팀워크가 있어야 큰일, 많은 일을 성취할 수 있다. 독불장군이 이룰 수 있는 일은 너무나 적다.

사람들의 마음으로부터의 지지를 끌어내는 왕도는 상대를 칭찬하고 격려하며 공감해주는 것이다. 좋은 일, 성과는 모두 부하와 동료에게 돌리고 험한 일과 욕은 본인이 들어야 한다. 그렇게 하면 나에게 무엇이 남을까 싶지만 그것이 스스로를 높이는 일이다. 박원순 시장은 시민운동을 하면서 단체 간사들에게 늘 뒷줄에, 그것도 맨 가에 서라고 강조해왔다. 그곳이 바로 중심이라는 것이다. 그런 행동은 자신의 겸허와 겸손으로부터 나온다. 자신을 높이는 것은 상대적으로 남을 낮추는 것이다. 겸손은 사람들의 화합과 지지를 끌어내는 최고의 전략이다. 마음으로부터 우러나는 겸손이야말로 상대의 존경과 지원을 받을 수 있다.

박근혜 정권에 반발해 광화문을 환하게 밝힌 촛불 집회 때도 그는 전면에서 나서기보다는 지하철 연장 운행과 화장실 개방, 의료 지원, 광장 청소 등 집회에 참여한 시민들이 불편하지 않게 하는 것에 집중해 조연으로서의 역할을 마다하지 않았다. 정치인으로서 왜 앞에 서고 싶은 욕심이 없었겠는가. 그러나 박원순 시장은 집회 때마다 늘 상황실을 들러서 현장 상황을 꼼꼼하게 살필 뿐이었다. 그는 "촛불 집회는 국민의 시간이다. 우리는 국민들이 편하게 자신의 목소리를 낼 수 있도록 마당을 만들어 드리는 것이 중요하다"며 그저 '기필코 국민이 이깁니다'라는 손팻말을 들고 군중 속에 앉아 있었다. 당시에는 그림자 같은 일이었지만 그 후 많은 국민들의 입과 입에서 촛불 집회 당시 서울시와 박원순 시장의 역할이 언급되었다.

두 번째는 협업론이다. 사람들은 똑똑하고 명석한 사람이 일을 가장 잘하리라고 생각한다. 그러나 혼자 할 수 있는 일은 한계가 명백하다. 혼자서도 잘할 수 있다고 생각하는 것 자체가 큰 오산이다. 혼자서 할 수 있는 일은 적고, 대부분의 일은 함께 해야 문제가 풀린다. 설사 혼자 하는 작업이라고 하더라도 동료나 다른 부서와 협업해야 하는 것이 대부분이다.

현대는 융합의 시대다. 내가 하는 일이 안 걸리는 부서가 없을 정도로 일이라는 게 복합적이고 다면적이다. 여럿이 함께 힘을 합치고 보태면 더 큰일을, 더 많은 일을 할 수 있기 마련이다. 한 사람의 뛰어난 영웅이 우대받던 시대가 있었다. 지금 그런 시대는 지나갔다. 오늘의 시대는 여럿이, 함께 협력하고 협조하여 일하는 협업과 협력의 시대다.

그 협력의 대상은 동료만 있는 게 아니다. 일 잘하는 사람은 그 분야의 전문가들이나 시민들을 만나고 의견 듣고 그들의 생각을 자신의 일에 반영하는 사람이다. 혼자 책상머리에서 뚝딱 기획안을 만드는 사람은 결국 자신의 생각과 지식만 반영하게 된다. 그러나 많은 사람들로부터 이야기를 듣는 사람은 많은 사람의 정보와 지식을 함께 담는다. 그런 사람과 그렇지 않은 사람의 결과물은 판연히 달라질 수밖에 없다.

물론 이렇게 하면 조금 더 힘이 든다. 여러 사람들을 찾아 다니고 의견을 물어야 하기 때문이다. 그러나 실상 해보면 당장은 조금 더 힘들지 몰라도 나중에는 그 방식이 더 칭찬받고, 더 온당하고, 더 빠른 길이라는 것을 깨닫게 된다. 많은 사람들과 미리 상의하고 협력하고 많은 사람들을 설득해두면 그 이후가 수월하다.

박원순 시장은 일할 때 늘 많은 사람들의 도움을 받는다.

위로는 탁월한 지혜와 경험을 가진 원로, 옆으로는 깊은 전문성을 갖춘 지식인들, 또 선량한 시민의식을 가진 자발적 봉사자들, 사업을 기꺼이 공감하고 돕고자 하는 후원자들 등 서울시를 위해 기꺼이 돕고자 하는 많은 민간 영역의 사람들이 있다.

세 번째는 칸막이론이다. 관료사회는 칸막이 행정으로 유명하다. 사실 우리 사회 전체가 그렇다. 한 부서에서 일어나는 일은 다른 부서에서 알 수가 없다. 알려고 하지도 않고 알리지도 않는다. 남의 부서까지 기웃거릴 여유도 없을뿐더러 그럴 필요도 없다고 생각한다. 잘못하다가는 괜히 일만 늘어나기 일쑤다. 그러나 이제는 융복합의 시대다. 세상을 둘러보면 어느 것 하나 서로 섞이지 않고 관련되지 않은 것이 없다. 주택 단지를 하나 지어도 디자인과 예술, 주변 경관과 환경, 생태, 교통, 커뮤니티 시설, 인구 등 여러 요소들을 고려해야 한다. 건축만으로 해결되는 일이 아니다.

이는 부서를 뛰어넘어 업무를 진행하는 이들 모두가 늘 소통하고 협력하며 서로 피드백을 주고받아야 한다는 말이다. 비록 편의상 특정 부서에 권한과 관할이 주어져 있다고 하더라도 늘 다른 부서와 협의하고 논의하는 기회와 채널을 만들어야 한다. 원래 잘 소통되는 사람들끼리 하는 소통은 별로 의미가 없다. 소통이 서로 잘 안 될 것 같은 사람들끼리 잘 소통해야 의미가 크다. 평소에 잘 만나지도 않는 사람을 만나서 대화하거나, 서로 다른 의견을 가진 사람들이 모여 합의를 이끌어내는 것이 바로 소통의 의미이고 결과다.

공무원은 공무원들만이 아니라 언론과 의회, 시민사회 단체, 이해관계 그룹, 중앙정부와 다른 행정기관, 시민들과 끊임없이 소통해야만 한다. 민주주의라는 것이 원래 그렇고, 또한 이런 과정이 정책의 약점과 실수를 사전에 보완하는 것이다.

소통이라는 것이 대단한 것은 아니다. 그냥 열심히 들어주는 것이 소통의 핵심이다. 다양한 이야기를 들을 수 있는 채널을 만들고, 현장을 찾아가서 이야기를 듣고 성심성의껏 그 요구를 들어주려는 노력이 소통이다. 모든 일을 다 해결해주는 건 현실적으로 불가능하다. 그러나 너무 어렵게 생각하지는 말자. 그 안타까운 사연들을 챙기고 어디 하나 붙일 데가 없는 사람들에게 다가가 귀를 기울이는 것 자체가 큰 소통의 실천이다.

둘러보면 협업과 공유, 융합과 통합, 공개와 협력을 통해 얻을 수 있는 것이 많다. 예를 들어 서울시와 산하기관 등이 가진 공간 가운데 사용하지 않는 시간대를 모두 신고하게 하고, 그것을 인터넷에 공유해서 시민들이나 기업, 단체들이 필요할 때 예약해서 사용할 수 있도록 하는 사업이 있다. 관리나경비, 화재나 사고 등의 위험이 없는 것은 아니지만 구더기 무서워 장 못 담글 수는 없다. 이렇게 함으로써 평생학습이나 동아리 모임 등에 목말라하는 많은 시민과 기관들의 욕구를 해소해 주게 된다.

네 번째는 공(功) 넘기기론이다. 효과적인 커뮤니케이션 방법 중 하나가 바로 상대방에게 공넘기기 기법이다. 자신에게 떨어진 과제를 빠른 시간 안에 윗사람에게 던져버리라는 것이다. 완성되거나 숙성되지 않아도 좋으니 자신이 조사하고 연구한 것들을 정리해서 일단 윗사람에게 넘기고 그 상사로부터 지적받거나 논평된 것을 기초로 다시 수정하고 보완해가는 방식이다. 그것을 몇 차례 하다 보면 거의 완벽한 안이 만들어진다.

세상은 끊임없이 변하는데 정책은 그 속도를 따라가지 못하는 경우가 대다수다. 신중하게 검토하고 다양한 의견을 거쳐 결정해야 하지만 의사결정은 때때로 신속하고 단호하게 이루어지지 않으면 안 된다. 특히 반대 여론이 적고 예산 부담이 적으며 신속성이 생명인 사안은 더욱 그러하다. 중장기적으로 오랜 시간을 두고 묵히면서 결정해야 하는 사안과 전광석화처럼 빨리 결정해야 하는 사안을 구별하는 것은 행정가에게는 중요한 지혜라고 할 수 있다.

이해관계가 많고 말썽이 일어날 소지가 있는 사안은 조

금씩 미루고 많은 이해관계자들에게 말할 기회를 주고 결정이 늦다는 여론이 일어날 정도로 푹 삭히고 묵히는 과정이 필요하다. 그 과정에서 만약 신속하게 결정했다면 드러나지 않았을 문제들이 미리 드러나기도 하고 점검되기도 한다. 그러나 동시에 시기를 놓치면 의미가 없어지거나 심각한 손해가 일어나는 일들이 있다. 정책 결정은 타이밍의 예술이다. 행정은 보통 이 시기를 놓치기 일쑤다. 너무 많은 것을 검토해야 하기 때문이다. 법령의 준수 여부, 선례의 연구, 복잡하고 다단계의 의사결정구조, 안일과 보신의 관료사회 분위기 등이 바로 신속한 결정을 막는 요인들이다.

자신이 확신하면 과감하게 상사를 설득하고 결재가 떨어지면 곧바로 전광석화처럼 처리해서 변화를 만들어내는 것이 중요하다. 사실 결재 과정에서 경험이 많은 상사가 문제를 많이 짚어주기 때문에 처음부터 너무 완벽한 안을 가져가서 결재 받기보다는 조금은 부족하더라도 빨리 결재에 올려보는 것도 좋은 일이다.

인간은 누구나 완벽한 존재가 아니다. 그리고 아무리 못난 사람이라도 자신의 생각과 장점, 전문성을 가지고 있다. 그것이 모이면 하나의 완성된 작품이 되는 법이다. 여러 사람에게 자문을 얻고 의견을 구하면 훨씬 쉽게 될 것을 계속 혼자서

끙끙 앓는다고 되는 것이 아니다. 만약 상사에게 바로 가지고 가는 것이 힘들다면 옆의 동료에게, 혹시 그 역시 바쁘고 힘들다면 자신이 상의하고 코멘트 받을 수 있는 사람들을 옆에 두고 자문을 받으면 된다.

더불이 결과를 만드는 것 못지않게 과정에 참여하는 것이 중요하다. 과거에는 시장 보고가 마치 시장이 보고서를 채점하는 방식처럼 진행되었다. 시장은 모든 것을 아는 완벽한 사람이고 실국장은 답안지를 제출하고 채점을 기다리는 학생이 되기 일쑤였다. 그러나 박원순 시장은 과정에 참여하고 싶어 했다. 완벽하지 않아도 좋으니 미리 가져오라는 것이었다. 그는 매번 수십, 수백 페이지의 보고서를 20~30분 보고를 통해서 결정하는 것 자체를 회의적으로 보았다. 한동안 이런 보고 방식에 익숙하지 않은 실국장들의 볼멘소리가 여기저기에서 들렸다. 늘 시장 보고를 끝으로 생각했던 과거와 달리 시장 보고만 하면 일이 늘어나니 적응이 힘들었을 것이다. 적응이 빠른 실국장들은 조금 완벽하지 않은 보고를 사전에 중간보고처럼 들고 가 의견을 청취해 보완함으로써 완성된 보고를 제출했을 때 추가되는 내용을 최소화해갔다. 어떻게 박원순 시장을 사용해야 하는지를 깨달은 것이다.

다섯 번째는 '꼼꼼 원순론'이다. 우리나라 사람들은 너무

통이 커서 작은 일에 매달리는 사람을 '째째하다'며 업신여기기 일쑤다. 거대담론에 강하고 큰소리치기 좋아한다. 우국충정하는 마음이 큰 것은 좋으나 이런 사람일수록 디테일에는 약하다. 구체적인 일에는 속수무책인 경우가 많다. 아무리 좋은 일도 작은 것에서 구멍이 나면 전체가 허사가 되고 무너지게 된다.

박원순 시장은 꼼꼼하다는 평을 듣는 리더다. 그는 여러 단체를 만들고 운영해 보았다. 아무 것도 없는 황무지에서 한국 사회에서 영향력 있는 단체를 만들기까지, 그 힘은 바로 '강력한 신념, 유연한 정책' 때문이었다고 그는 말한다.

박원순 시장과 함께 일한 사람들은 다들 '공포의 집중회의'를 기억한다. 아무리 준비를 철저히 해도 그한테는 깨지는 일이 많은 회의다. 그동안 망원경으로 큰 그림을 그렸다면, 이 회의를 통해 현미경으로 그 세부 사항을 꼼꼼하고 치밀하게 확인해야 한다. 한 가지 방향에서만이 아니라, 다양한 방향에서 입체적으로 확인한다. 반대하는 사람이 있다면, 어떤 점에서 왜 반대하는지를 생각해야 한다. 그 반대를 설득하고, 마음을 돌릴 수 있는 해답이 나오려면, 치밀하고 꼼꼼한 일 처리가 기본이다.

꼼꼼 원순씨의 아이콘은 보도블럭일 것이다. 연말만 되면 왜 여기저기서 보도블럭 공사를 하는지 많은 사람들이 의아해

박원순 시장은 호기심이 많다. 걸을 때도 늘 긴장해야 한다. 언제 어떤 질문을 던질지 모른다. 돌아보니 그 때문에 더 성장한 것이 아닌가 싶다. 서울 구석구석을 참 많이 다녔다.

하는 부분이었다. 그렇게 공사를 하는데도 비 오는 날 보도블럭을 잘못 밟아서 물이 튀기는 일은 다반사였다. 박원순 시장은 이를 바꾸려고 했다. 그와 보도블럭길을 걸을 때는 긴장해야 한다. 박원순 시장은 보도블럭을 빼는 전문가다. 갑자기 보도블럭을 발로 툭툭 차면 블럭이 빠진다. 그러고는 옆에 있는 사람들에게 이것조차 제대로 못하는 행정이 어떻게 큰일을 할 수 있겠냐며 지청구를 한다. 그 그룹에 공무원이라도 있으면 좌불안석이 된다. 한번은 박원순 시장이 혜화동 공관에서 시청까지 도보로 출근을 하다가 보도블럭 상황을 트위터로 생중계해서 서울시 공무원들을 긴장하게 만들었다. '악마는 디테일에 있다'는 말처럼 정작 국민들의 삶을 바꾸는 정치는 정밀하고 꼼꼼한 행정에 있다. 자기 자신을 위한 브랜드 행정이 아닌 시민 편에 선 시민표 행정이야말로 큰 차이를 만든다.

여섯 번째는 방석론이다. 희랍의 철학자 헤라클레이토스(Heraclitus of Ephesus)는 "만물은 유전한다"라고 말했다. 전혀 변하지 않고 있는 것은 아무 것도 없다. 모든 사물은 끊임없이 변화를 거듭하고 있다. 그 변화를 거부하고 가만히 그대로 있다면 퇴보하고 만다. 그것은 인간과 사회도 마찬가지다. 끊임없이 변화하는 인간과 사회가 새로운 시대에 적응하고 발전할 수 있는 것이다.

그렇다고 무조건 바꿔서는 안 된다. 사실 박원순 시장은 전임 시장이 한 사업들 중 마음에 들지 않는 사업들이 많았다. '한강르네상스 사업'과 같은 큰 프로젝트부터 '천만상상 오아시스'라는 창안 플랫폼까지……. 그러나 그것이 중요하고 본질적인 것이 아닌 한, 다시 말해 대세에 지장이 없는 것은 그대로 두는 것이 좋다. 구태여 바꾸면 비용이 발생하고 시민들도 새롭게 적응해야 하는 과정이 따른다.

결론적으로 안정과 변화는 선택사항이 아니다. 민심을 좇는 길이 정도(正道)다. 그런 맥락에서 박원순 시장은 드러난 민심에 따라 유지할 것은 유지하되 인간 중심, 시민 중심의 행정을 추구하고자 했다. 차별화를 위한 차별화를 하지 말자는 것이다. 서울시 신(新)청사에 대해서도 박원순 시장은 흉물스럽다는 생각을 했지만 대과 없이 마무리했다. 그리고 이미 만들어진 상황 속에서의 개선을 꾀했다. 지하 1층에 각종 서울시 홍보를 위한 갤러리를 만들겠다는 전임 오세훈 시장의 계획을 뒤집고 시민청을 만들어서 시민에게 돌려줬다. 그릇은 전임 오세훈 시장의 계획을 따르지만 그 그릇에 담기는 콘텐츠는 박원순 시장의 철학을 따른 것이다. 동대문디자인플라자(DDP), 세빛둥둥섬(현 세빛섬)도 시민들의 불만이 큰 전임 시장의 사업이었지만 형식이 아닌 내용의 차별화를 통해 불만을 잠재우려 노력했다.

일곱 번째는 통찰론이다. 공무원들은 서울시민의 삶을 책임지는 막중한 위치에 있는 만큼 늘 과거를 돌아보면서 배우고, 현재를 냉철하게 분석하며 실수를 없애고, 미래를 엄격하게 예측하여 최적의 정책을 만들어야 한다. 미래의 올바른 정책을 만들어내려면 과거의 시행착오 또는 최고 사례들을 찾아내고 학습해야 한다. 그러면서 현재 추진 중인 정책을 최고의 것으로 만들기 위한 다양한 고민과 노력을 하다 보면 그 분야에서 최고의 정책가가 될 수 있다.

동시에 미래의 예측력을 키우기 위해서는 독서와 강연, 학습을 게을리할 수 없다. 박원순 시장이 취임했을 때 은평구에 지어져 있는 서울주택도시공사의 뉴타운 집들 가운데 4년째 아직도 팔리지 않는 주택이 700여 채나 되었다. 40평 이상 대형 평수이기 때문이다. 서울시 인구 구성에서 1인 가구가 급격히 증가할 것을 예측하지 못한 결과다. 사회 변화를 공직자들이 읽고 이해하고 있지 않으면 이런 예산 낭비 사례는 끝없이 양산될 것이다.

정책 하나를 결정할 때 공무원들은 가슴에 손을 얹고 과연 이 정책에 하나의 합리적인 의문도 없는 것인지를 생각해봐야 한다. 과연 많은 전문가들의 견해를 충분히 들어 타당성을 확보했는지, 진실로 현장의 목소리들이 반영되었는지, 미래의 수요와 예측에 틀린 것이 없는지 묻고 또 물어야 한다. 그들의 결정 하나가 미래의 희망과 행복을 만들 수 있는 까닭이다.

통찰을 위해 좋은 방법 중 하나가 현장 방문이다. 박원순 시장은 과거 희망제작소를 설립하면서 그 캐치프레이즈를 '21세기 실학운동'이라고 내붙였다. 추상과 거대 담론의 시대에 실증적이고 구체적인 대안이 필요하다고 느꼈던 것이다. 그런데 그 실증적이고 구체적인 대안이라는 것이 하늘에서 떨어지는 것이 아니라 현장에서만 발견될 수 있다는 것을 염두에 두어야 한다.

'모든 이론은 회색'이라는 말이 있다. 그 말은 이론의 옳고 그름이 원래 정해져 있는 게 아니라 현장에서 판가름이 난다는 맥락으로 이해할 수 있다. 그러면서 문제를 해결하는 구체적 방법과 노하우, 지혜가 생겨난다. 현장에서 일하는 사람들을 만나 한 시간만 이야기를 들어봐도 지금 세우고 만드는 정책의 현실성과 문제점이 금방 드러난다. 그리고 그 대안과 해결책까지 나온다.

박원순 시장은 현장 가기를 즐긴다. 그 대상은 국내외가 따로 없다. 늘 현장에 가면 먼저 사진을 찍고 자료를 모으고 사람들의 이야기를 듣고 질문하고 메모한다. 그것을 정리하고 분석해서 책을 쓰고 논문을 쓴다. 그가 수십 권의 책을 쓰게 된 비결이다. 현장의 사례를 안다는 것은 그 사람에게 가장 강력한 무기를 제공한다. 현장 경험이 있는 사람은 책만 읽은 사람을 늘 이기게 되어 있다. 내가 가봤다는데, 내가 직접 들었다는데, 그 사람에게 누가 당할 수 있을까?

어떤 특정 주제에 대해 그 분야의 현장에서 일하는 사람들 5명만 만나면 자신이 그 분야의 최고의 전문가가 되기 마련이다. 세계적으로 유명한 '메켄지'가 일하는 방식이 바로 이것이다. 특정 이슈에 대해 컨설팅을 의뢰받으면 이들이 하는 일은 문헌 조사를 하고 문제를 여러 이슈로 세분한 다음 그 분야의 전문가들을 만나러 다닌다. 특히 현장에서 애로와 고민을 듣는다. 당초에는 그 문제에 대해 아무 것도 모르던 컨설턴트가 3개월 후에는 평생 그 일에 종사해온 경영진에게 답을 제시한다. 이것을 '3개월 원칙'이라고 한다. 이처럼 올바른 정책을 세우려면 그 분야의 전문가와 현장에서 일하는 사람 3명을 3시간씩 인터뷰하면서 3개월만 고민해보면 된다.

'늑장 대응보다 과잉 대응이 낫다'는 감염병 대응의 교훈적 메시지를 남긴 메르스 대응도 전문가들의 조언이 큰 힘이 됐다. 박원순 시장은 긴박한 상황에도 중요한 결정의 시기마다 전 보건복지부 장관이었던 유시민 작가와 이종구 전 질병

관리본부장, 김찬석 위기관리전문가(현 청주대 교수) 등의 조언을 듣는 것을 빼놓지 않았다

앞서 언급한 은평 뉴타운 미분양 아파트의 완판과 마곡지구 택지분양 성공도 '현장시장실'의 힘이 컸다. 현장에서 직접 만나 머리를 맞대다 보면 서로 칸막이로 엉켜있었던 문제들이 보인다. 은평 미분양 아파트 현장시장실에서 일단 임대로 살고 그 후 구매의사를 결정할 수 있는 판매 방식을 결정했던 것이 대표적인 현장 행정의 사례다.

리더는 들어주는 사람이다. 그리고 질문에 답하는 사람이다. 나쁜 질문이 있는 것이 아니라 잘못된 답이 있을 뿐이다. 나는 용산 현장시장실에서 장장 10시간을 상대의 말을 끊지 않고 듣기만 했던 박원순 시장의 모습에서 진정성을 느낄 수 있었다. 그렇게 시장이 인내심 있게 이야기를 듣자 주민들 사이에 격앙됐던 분위기는 '그래도 내 말을 들어주는구나' 하는 안도감으로 바뀌었고 결국 박수를 받으면서 마무리된 적이 있다. 그것이 현장의 힘이고, 진정성의 힘이다.

여덟 번째는 상식론이다. 박원순 시장은 어떤 시장이 되길 원하냐는 질문에 '아무 것도 안 한 시장으로 남기를 바란다'고 답한 적이 있다. 그가 했던 말은 상식과 기본, 원칙과 순리에 맞는 행정을 하겠다는 뜻이다. 그동안 우리는 큰 프로젝

박원순 서울시장의 위기 리더십이 빛났던 메르스 사태 때 나는 모든 현장을 기획하고 수행했다.
(강동구 현장을 방문한 박원순 시장과 나)

트를 통해 시민들에게 강력한 인상을 남기겠다는 욕심이 지나쳤던 시대를 살아왔다고 본다. 새로운 시장이 당선되면 늘 자신의 과제를 만들어내고 거기에만 매달렸다.

지금까지 많은 행정가들이 숫자 놀음에 너무 매달려 왔다. 물론 통계가 중요하지 않다는 것이 아니다. 그러나 형식적인 목표에 매달린 나머지 그 숫자의 이면에 있는 실제의 모습은 눈여겨보지 않았다. 뭔가 많이 한 것 같기는 한데 실제 효과는 없는 것이 너무 많고 수두룩하다. 무엇이든 실질이 중요하다. 허수에 매달리지 말아야 한다.

공무원들은 성과와 숫자에 연연한다. 목표를 채워야 하고 성과를 증명해 보여야 하는 강박관념이 있는 것이다. 그렇게 성과를 내야 승진도 하고 윗사람들에게 잘 보일 수 있기 때문이다. 하지만 박원순 시장은 형식적 숫자, 외형적 성과를 강요하지 않는다. 곧 형해화(形骸化) 될 그 숫자는 현실에서 보면 시민들에게 아무런 의미도 없고 감동도 없고 효과도 없다. 진정한 성과를 내고 그것이 지속가능하기 위해서는 공무원이 직접 일을 하고 성과를 내기보다는 민간 단체나 풀뿌리조직들이 일을 하게 하고 그것이 지속가능하게 만들어주는 것이 훨씬 낫다.

영등포역 주변의 쪽방촌에는 하루하루를 간신히 살아가는 가난한 이웃들이 많다. 거기에는 이들의 의료를 무료로 제공하는 성요셉의원, 이들에게 먹을 것과 입을 것을 서비스하는 광야교회 등 종교 시설과 단체들이 이들을 보호하고 있다. 서울시가 바로 이런 중간지원기관들을 만들고 지원하면 그들이 이들을 더 잘 보호할 수 있다.

행정은 상식에 맞는 멍석을 깔기만 하면 된다. 많은 시민들이, 풀뿌리 주민단체가, 시민 조직들이 와서 마음껏 놀게 해주면 된다. 늘 옆에서 묵묵히 지원을 해주고 민간이 잘 할 수 있게 해주면 많은 것들이 해결된다. 민간이 잘 할 수 있는 것은 민간이 할 수 있도록 하고, 지원은 하되 간섭을 최소화하자는 것이다. 관은 같은 문제를 해결하기 위한 파트너이지 군림하는 갑이 아니다. 국민을 위한다는 사람들이 국민 위에 있겠다고 해서는 안 된다.

서울시민이 뽑는 서울시의 10대 정책 중 하나로 잡상인의 명칭을 '이동상인'으로 바꾼 정책이 뽑힌 적이 있다. 이름 하나 바꿨는데 수십, 수백 억원의 예산이 들어간 정책들을 제치고 10대 정책 중 하나로 선택받은 것이다. 시민들이 원하는 생활 정책이라는 것이 거창하지 않음을 보여주는 유쾌한 반란이었다. '누구도 잡상인이라 불려서는 안됩니다. 그들은 누군가의 아버지이고 어머니며, 아들과 딸입니다'라는 박원순 시장의 트위터 멘션에 '시장님 지금 울고 있습니다. 잡상인이라 불렸던 사람의 딸입니다'라는 답 멘션이 오기도 했다. 가슴이 참 먹먹했던 기억이다. 그후 서울시는 '친절한 서울씨' 프로젝트를 대대적으로 펼쳐 광고 전문가들과 함께 잘못된 말과 글을 고쳐가기 시작했다. 말과 글이 바뀌면 행동이 바뀌고 행동이 바뀌면 문화가 바뀐다.

아홉 번째는 버드나무론이다. 박원순 시장은 신념은 강철처럼 단단해야 하고 그 실천은 버드나무처럼 부드러워야 한다고 말한다. 신념이 단단하지 않으면 제대로 일을 추진할 수 있는 추진력, 집행력을 갖추기 힘들다. 그러나 그 정책이나 결정을 실행하는 과정에서는 유연해야 한다. 막상 현장, 현실에서는 생각하지 못했던 상황과 조건이 있기 마련이고 그것에 맞추어 집행하지 않으면 성공하기 어렵다.

"나비처럼 날아가서 벌처럼 쏜다." 무하마드 알리(Muhammad Ali)가 한 말이다. 무거운 체중의 헤비급 선수들은 대체로 한 방에 해결하려고 한다. 그 한 방을 날리려고 하다가 헛방이 되기 일쑤이고 그것 때문에 스스로 힘이 빠져 그라운드에 눕게 되는 것이다. 무하마드 알리는 헤비급이면서도 마치 플라이급처럼 경쾌한 풋워크를 자랑하면서 잽을 날리다가 그 잽에 지친 상대에게 결정적인 어퍼컷을 날려 수많은 승리를 거뒀다.

아무리 당찬 결심을 하고 각오를 하더라도 천천히, 그리고 부드럽게 시작해야 한다. 그래야 지치지 않는다. 상황이 바뀌면 거기에 따라 업무의 추진 방법도 바꿔야 한다. 조금은 더 유연하게 허리를 풀고 또 때로는 하늘을 쳐다보고 잠깐은 여유도 부려야 한다.

이제 건설의 시대는 지나고 건축의 시대가 왔다. 뉴타운 방식의 재개발이 아닌 도시재생을 통한 가치의 재발견이 필요하다. 머리로는 이해하지만 당장 이해가 걸린 당사자들에게는 쉽게 와닿지 않을 때도 있었다. 수명이 다한 고가를 보행길로 만든 '서울역 7017 프로젝트', 도심제조업을 살려 옛 영광을 다시 세우겠다는 '다시 세운 프로젝트', 석유비축기지를 문화비축기지로 만들어가겠다며 조성한 '상암 문화비축기지' 등이 신념을 잃지 않되 이해관계자들을 설득하는 유연한 자세를 잃지 않아 마무리까지 온 대표적 사업들이다.

열 번째는 3불(不) 타령론이다. 보은군청의 청사 입구 벽에는 '이제 3불타령을 없앱니다'라고 적혀있다. 3불타령이란 '법령 타령', '예산 타령', '선례 타령'이다. 다시 말하면 누군가가 사업을 제안하면 법령의 근거가 없으니 안 된다, 예산이 없어 안 된다, 선례가 없어 안 된다는 이야기가 공무원 입에서 나온다는 것이다.

서울시에는 다양한 시민들의 제안이나 아이디어, 요구가 쏟아진다. 답변은 친절하지만 실상 들여다보면 대부분 안 된다는 말이다. 물론 자세히 검토해보면 걸리는 게 많다. 실무 담당자가 법령에 위반된 것을, 예산 없는 것을, 선례가 없는 것을 무턱대고 할 수는 없다. 그러나 한편으로 긍정적으로 생각해보면 길이 전혀 없지는 않다. 사실 법령은 많은 경우 꼼꼼히 살펴보거나 해석을 잘 해보면 여지가 보인다. 예산도 정 안 되면 민간 파트너를 끌어와서라도 할 수 있다. 선례는 늘 우리를 편하게 해주는 근거가 되지만 세상의 일이라는 것이 처음으로 하는 일은 늘 선례 없이 이루어지기 마련이다.

그래서 공무원은 '왜 안될까?', '되는 방법이 없을까?', '이 사람이 왜 이런 요구를 할까?', '이 제안은 문제가 있지만 이런 대안은 있지 않을까?'라는 생각을 하는 사람이 되어야 한다. 필요하다면 다른 사례를 연구도 해보고, 전문가들의 의견도 들어보고, 본인도 불러서 배경이나 이유를 좀 더 물어봐야 한다. 그러다 보면 그 요구를 들어줄 길이 생기고 그 제안이 현실적 정책으로 만들어지기도 한다.

박원순 리더십 십계명을 정리해 놓고 보니 감회가 새롭다. 어찌 보면 이는 한때 박원순 시장의 3최(최장수, 최연소, 최초) 보좌관으로 경험한 징비록이다. 결국 '원더십(박원순의 '원'

+ Leadership)'은 듣는 '리더십(Listening + Leadership)', 행동하는 '두더십(Do +Leadership)', 늘 연결된 '온더십(On +Leadership)'이 우리 모두를 위한 '위더십(We +Leadership)'으로 완성된다.

가까이 있다 보니 그의 흠보다는 공이 더 보였을 것임을 고백한다. 아울러 주관적 시각으로 기록한 것이라 다른 생각을 가진 분도 있을 것이다. '사과 속 씨앗은 셀 수 있지만 씨앗 속 사과는 셀 수 없다'는 말처럼 이 기록은 결과가 아닌 새로운 기록을 위한 씨앗이 됐으면 한다. 각자가 갖고 있는 박원순 시장과 관련된 조각들이 퍼즐처럼 맞춰지면 보다 이상적인 리더십상이 만들어질 것이고, 그것을 좇는 더 많은 사람들이 나타나면 세상은 성장하고 진화해 갈 것이라 믿는다.

임용 1주년, 머나먼 갈 길 : W Plan

서울시정에 대한 나의 고민

재보궐 선거 이후, 모든 것을 할 수 있을 듯했던 박원순 시장 비서실 생활은 시간이 지날수록 세상에는 할 수 있는 일보다 할 수 없는 일이 더 많다는 것을 깨닫게 해주었다. 시장 임기 동안 성과를 내야 하는 비서실과 임기가 보장된 늘공(늘 공무원)은 서로 보고 있는 시계가 달랐다. '선택과 집중'이 필요하다는 이야기가 들렸다. 박원순 시장이라는 기존 리더십 카테고리에 담을 수 없는 시장과 그것을 기존의 리더십 카테고리로 평가하고 규격화하려는 사람들 간의 보이지 않는 신경전이 컸다.

학창 시절 인상 깊게 읽었던 책에 뗏목을 이고 가는 사람들에 관한 우화가 있다. 어떤 사람들이 길을 가다가 강을 만나 몇 날 며칠에 걸쳐 정성껏 뗏목을 만들었다. 덕분에 그들은 강을 건너는 데 성공했다. 그런데 다시 길을 가려고 하니 열심히 만든 뗏목을 버리기가 너무 아까웠다. 그래서 그들은 하는 수 없이 무거운 뗏목을 이고 길을 걸었다는 이야기다. 이 우화는 한때는 문제 해결의 중요한 도구였지만 지금은 짐짝일 뿐인 뗏목을 쉽게 버리지 못하는 집착에 대한 지적이다. 어리석은 일처럼 보이지만 실은 사회생활을 하면서 무수히 겪는 일이다. 아무리 과거에 유용했던 수단도 현재는 무의미할 수 있다. 과감히 버리고 가벼운 발걸음으로 길을 나서야 한다.

박원순 시장을 보좌한 처음 1년은 그 뗏목을 서울시는, 또 나는 버릴 수 있는지를 질문하는 시간이었다. 그간 몇 가지 보고서를 통해서 미흡한 생각과 일들을 정리했지만 여러 가지로 부족했다. 그래서 임용 1주년을 맞아 나는 소통과 관련된 제언을 몇 가지 생각했다. 벌써 5년 전 일이지만, 이때의 고민은 지금까지도 나에게 풀리지 않은 숙제들로 남아있다.

그 시기의 나를 돌이켜 보면 나는 스스로의 칸막이를 두고 있었던 것 같다. 그래서 내 전공이고 전문 분야인 소통과 관련된 문제에 적극적으로 관여하고 의견을 내는 것을 주저했다. 하지만 망설일 수만은 없었다. 곧 다가올 2013년은 보수 정권이 만들어낸 대통령의 임기 첫 1년이었지만 서울시장은 임기 마지막 해였다. 이런 비우호적인 상황을 극복하기 위해서 더 욕심을 내고, 더 적극적으로 내가 할 수 있는 일을 책임 있게 실천해야겠다는 생각이 들었다.

이러던 차에 비서정무라인 1년을 평가하고 공감대를 만들어갈 워크숍이 열렸다. 나는 이곳에서 일명 'W Plan'을 발제했다. W는 원순의 이니셜이기도 하지만 V 두개가 겹쳐있어서 이른바 재선 승리의 의미도 담고 있었다. 이를 통해 나는 일상이 캠페인임을 이야기하고, 보다 효율적 커뮤니케이션 전달체계를 만들어 재선을 해내자고 말했다. 이어지는 이야기는 모두 이날 했던 발제에 관한 내용이다.

우선은 지난 2012년에 대한 분석을 했다. 2012년은 내가 정의하기에 서울시정이 PR(Public Relation)에서 PE(Public Engagement)로 관점이 전환한 해이다. '청책'을 기반으로 시민 참여형 커뮤니케이션 기반을 구축했고 청(聽)과 답(答) 간의 균형감 있는 '시민 참여' 반영의 원칙이 수립되었다. 정책 입안 단계에서 시민 참여형 홍보 전략이 만들어졌고 정책 발표와 구현 과정에서 시민 참여형으로 프로그램이 기획되었다. 정책 홍보물을 제작할 때에도 시민 참여가 기본 전제가 되었으며 민원과 제안에 대한 통합적 시스템을 구축했다.

그리고 서울시 보유 홍보자산의 시민 공유 개념을 정립했다. 게시판 홍보공간의 전향적 시민 환원이 이루어졌고 시민의 꿈을 이뤄준다는 취지를 가진 홍보대사가 등장했다. 또한 콘텐츠 중심의 사고로 전환의 가능성을 확인했다. 'Live 서울, Live 원순'을 통해 시정 운영 자체가 가장 좋은 콘텐츠가 될 수 있음을 인지했다.

내 장점을 살려 SNS를 활용한 시민소통의 장을 만든 것도 좋은 성과였다. 박원순 시장의 트위터 팔로워 수는 취임 전 16만여 명에서 59만여 명으로 증가했다. 트위터에 올라온 시민 의견은 12만여 건에 달했다. 이 중 50% 이상을 실제로 처리했다. '숭실대입구역에서 출구로 가는 첫 번째 에스컬레이터 두 대가 한 달 가까이 작동이 안 되고 계단도 없어 불편하다'는 메시지를 시민이 트위터 올리면 시장이 답글을 달고 담당 부서가 처리하는 식이다.

SNS의 신속함은 재난 상황에서 빠른 제보에 결정적 역할을 하기도 했다. 처음에는 무리한 요구도 있었지만 자정 작용을 거치면서 공익적인 차원의 제보가 점차 늘어났다. 때로는 박원순 시장이 언론을 통해 공개하지 못하는 속사정을 시민에게 알리는 창구 역할을 하기도 했다.

나는 2012년의 성과를 2013년에 이어가기 위해서는 명확한 컨트롤 시스템을 구축해 시너지 극대화를 이끌어내야 한다고 주장했다. 과거 시정 운영에서 소통기획관은 정무, 정책과 함께 3대 축이었으나 당시 소통기획관은 정무의 지휘를 받는 조직으로 축소되고 전문적인 리더가 부재하면서 조직의 역동성과 기획 기능이 현저히 떨어진 상태였다. 소통기획관에 정무적 감각을 갖춘 외부전문가를 영입하거나 소통을 정무, 정책과 함께 시정의 주요한 3대 축으로의 위상을 정립해야 했다.

더불어 분산과 이원화를 넘어서 통합, 융합적(Convergency) 관점의 조직정비가 필요해 보였다. 공보와 홍보, 온·오프라인 등 시스템의 분리, 분산, 이원화를 하자는 이야기였다. 조직 간, 부서 간, 팀 간 장벽으로 협력과 이슈 공유가 제한되는 상태였다. 기능이나 관리 중심의 조직편제로 조직 내 시너지 효과를 기대하기 어려웠다. 유통 전문 담당관을 신설하고 디지털미디어(온라인) 대변인을 신설해 디지털 미디어 및 소셜미디어 환경에 효과적이고 선제적으로 대응하는 것이 최선이었다.

소통상황실과 소통전략실의 역할을 조정해 전략 기능을 강화하자는 조언도 생각해냈다. 시정 철학과 가치를 반영하는 홍보 전략 기능과 컨트롤타워 기능을 강화해 평상시 시정커뮤니케이션의 플랫폼이면서 위기 시 서울시 입장을 전달하는 커뮤니케이션 주체로의 원래 취지를 잘 살리는 의미였다.

대내외 홍보자원을 효과적이고 효율적인 연계협력시스템을 갖추는 문제를 빼놓을 수 없었다. 서울시 홍보 매체가 많고 시정 홍보 이슈도 많다고 해서 홍보이슈에 따라 1/n로 홍보 매체를 운영하는 것은 아무것도 안 하는 것과 같다. 메시지라는 것은 집중을 통해 일정 수준이 달성되었을 때에 효과를 기대할 수 있기 때문이다. 매체 활용에서도 선택과 집중이 필요하다.

따라서 대변인과 시민소통기획관 홍보 조직이 상호 협력하는 차원에서 실행조직 실무팀장급 소통회의를 정례화하고 교통방송(TBS), 서울메트로, 도시철도공사, 문화재단, 복지재단, 여성가족재단, 관광마케팅, SBA, 농수산유통공사, SH공사 등 서울시 홍보 조직과의 시정 콘텐츠 및 채널 공유와 활용을 위한 협력을 강화해야 한다고 보았다.

막상 시정 홍보 전략기획과 콘텐츠 생산을 하려고 할 때 정보의 원활한 제공과 공유가 되지 않은 것은 문제였다. 홍보 콘텐츠는 즉흥적인 아이디어로 만드는 것이 아니라 실시간 관련 자료 습득과 핵심정보 공유를 통해 고도의 시정 이해가 전제되어야 한다. 이미 발행된 콘텐츠는 효율적으로 아카이브를 하면서 시정 홍보 전략기획, 홍보 콘텐츠 담당자를 주요 회의에 적극 참가시키고 자료를 적극 공유하게 하여 전략적 기반이 탄탄한 결과물을 도출하도록 해야 한다.

그리고 시시각각 발전하는 스마트 디바이스(스마트폰, 스마트 TV 등)의 대중화로 인한 미디어 환경 변화에 능동적으로 대응하는 것은 나의 책임이라는 생각이었다. 행정소비자의 정책소비 행태가 급속하게 모바일 중심으로 이동하고 있다. 마케팅에서는 기존 미디어와 스마트 디바이스 간의 결합을 통한 새로운 형태의 커뮤니케이션이 보편적 트렌드에 가까워지는 중이다. 소위 '미디어 크리에이티브' 분야가 비즈니스 영역화 된 것이다.

나는 정보화 영역과 소통 영역의 융복합적 사고를 토대로 미디어 크리에이티브 전담인력을 채용하고 모바일 기기를 활용한 시민 참여형 캠페인을 기획하자는 아이디어를 제시했다. 궁극적으로 이를 통해 미디어 간 특성을 고려한 과학적 매체 기획으로 메시지 수용성을 높여가야 한다. 서울은 이미 미디어 그룹이라 불려도 손색이 없을 만큼 다양한 유·무형의 미디어를 보유하고 있었다. 다만 미디어 운용 원칙이나 집행의 효율성과 효과성에 대한 고려가 미흡했다.

나는 미디어 간 특성을 고려한 '트리플 미디어 전략'이 효과적일 것으로 보았다. 여기서 말하는 트리플 미디어는 페이드 미디어(Paid Media)•, 온드 미디어(Owned Media)••, 언드 미디어(Earned Media)••• 세 가지를 말한다.

결국 소통의 최종접점이 시민이다. 시정의 철학과 가치가

• TV나 인터넷의 디스플레이 광고와 같이 대가를 치르는 미디어(판매 미디어)를 뜻한다.
•• 자사와 웹사이트와 같이 기업이 자체적으로 보유하고 있는 미디어(자사 미디어)를 뜻한다.
••• 소셜 네트워크 서비스를 통한 소비자의 신뢰와 평판(평가 미디어)을 뜻한다.

소통방식에도 느껴질 수 있도록 해야 한다. 이를 위한 나의 대안은 소통과 홍보와 관련된 교육을 강화하고 시정 철학과 가치에 공감하는 추진력 있는 인력을 구축하는 것이다. 또 정책 홍보와 소통 평가지수를 개발해 운영하고, 인사평가에 반영하자는 의견을 제시했다.

이를 위해 시민소통기획실은 선택과 집중을 통한 '통합캠페인 디자이너'가 되어야 한다. 10대 핵심과제를 중심으로 시점별 선택과 집중을 하면서 핵심메시지를 온·오프라인 콘텐츠에 통합 적용하고 과제별 스토리텔링 소재를 발굴하는 것이 그들의 역할이다. 또 단발 사업 안내에서 벗어난 시정 철학이 담긴 캠페인 홍보를 추진하는 것이 바람직하다.

나름 광고 기획사에 몸담았던 사람으로서 서울시의 정책 브랜드가 부재하다는 것은 늘 고민거리였다. 이에 나는 3대 브랜드(정책 브랜드, 도시 브랜드, 시장 개인 브랜드) 간 상호연관성을 극대화하고 기존 서울브랜드자문단을 확대하면서 정책브랜드 사전협의제 도입을 통한 예방적 브랜드 정체성을 관리해야 한다는 주장을 내세웠다.

그리고 이 모든 것의 원활한 추진을 위해서는 관료에 의한 층층시하의 복잡한 의사결정 과정과 보고 체계의 개선이 필요했다. 특히 홍보 콘텐츠 작업에 있어서 지난한 보고 체계는 창의력을 훼손하고 취향에 따른 수정과 이의 번복으로 변질되며 이슈에 따른 발 빠른 실행을 방해한다. 관료들의 입지 강화를 위한 홍보물 검열을 위한 소모적인 보고 체계 또한 마찬가지 결과를 초래하므로 이에 대한 대폭적 개선이 시급했다.

지금도 이때 했던 고민들을 하나하나 들여다보면, 낯선 곳에 뚝 떨어져 방향을 찾기 위해 몸부림치던 내 모습이 떠올라 멋쩍은 웃음이 나기도 한다. 하지만 그 발버둥 안에 내재된 치열함과 진정성만큼은 어느 때보다 진실했다. 나태한 날이 찾아오면 나는 스스로에게 그때만큼 열심히 살고 있는지 반문해본다.

이렇게 정리되어 박원순 시장과 행정 담당자들에게 전달된 나의 조언은 받아들여진 것도 있고, 현실적 한계에 부딪혀 사장된 것도 있다. 특히 아직까지도 나아지지 않은 문제들이 있는 것을 보면 오랜 세월 고착화된 관료제의 정형성이 얼마나 무거운 것인가를 새삼 느낀다.

제돌이의 꿈은
바다였습니다

제돌이 아빠 : 작은 동물 한 마리를 생각한다는 것

얼마 전 문재인 대통령이 키우는 반려견 '토리'가 집안이 아닌 실외에서 지낸다는 게 사진으로 공개되면서 작은 논란이 벌어진 적이 있다. 토리는 문재인 대통령이 입양한 유기견인데 실내에서 키우는 개를 목줄을 채워 밖에서 키우는 게 맞지 않다는 지적이다.

이에 문재인 대통령은 '토리가 원래 마당에서 자랐는데 보호센터에서는 실내에서 지냈다'며 '실내에서 살려면 찡찡이와 잘 지내야 하는데 찡찡이는 개를 매우 싫어한다'고 성심성의껏 설명했다. 여기서 찡찡이는 문재인 대통령이 키우는 고양이 이름이다. 과거 같으면 사소함으로 치부됐을 이런 논쟁을 보면서 우리나라가 위대한 나라로 가고 있다는 생각을 했다. '한 나라의 위대함과 도덕적 진보는 그 나라에서 동물이 받는 대우로 가늠할 수 있다'는 마하트마 간디(Mahatma Gandhi)의 말처럼 말이다.

서울시에서 일하며 크고 작은 사회적 사건들을 여럿 다뤘는데, 그 중 유독 기억에 남는 일이 돌고래 제돌이와 관련된 일련의 사건이다. 한때 '제돌이 아빠'로 불렸을 정도니까 말이다. 당시 나는 서울시 일을 처음 시작해 의욕으로 충만했을 때였다. 비서실에 날아온 팩스 하나도 놓치고 싶지 않은 시기이기도 했다. 제돌이와의 만남도 어느 금요일 저녁에 받은 팩스 한 장, '불법 포획된 제돌이를 방류하라'는 시민단체 '핫핑크돌핀스'가 시장실로 보낸 팩스를 읽으면서 시작되었다. 순간 머릿속에 영화 〈프리 윌리〉가 떠올랐다. 살아있는 돌고래를 방류시킬 수 있다면 영화 같은 일이 되겠다는 생각을 하면서 퇴근했다.

그런데 마침 다음 날 한겨레 신문 주말 판에 3면에 걸쳐서 제돌이 이야기가 소개됐다. 제돌이가 어떻게 포획됐는지, 어떤 과정을 거쳐서 서울대공원까지 왔는지가 나와있었다. 제돌이는 2009년 5월 제주 서귀포 성산읍 앞바다에서 어민의 그물에 걸린 뒤 제주 퍼시픽랜드 수족관에 있다가 서울대공원이 바다사자 두 마리를 주고 제돌이를 서울로 데려가 돌고래쇼를 가르쳤다고 한다. 제돌이는 고등어 미끼를 좇아 관객들 앞에서 점프를 하고 꼬리를 튀기며 하루하루를 보냈다.

돌고래는 하루에 100km를 움직이고 아이큐가 70~80에 달하는 활동적이고 머리가 좋은 동물이다. 가로 12m, 세로 6m짜리 수족관에 갇혀있는 것은 녀석에게 절대 즐거운 일이 아니었을 것이다. 결국 엄밀히 말하면 제돌이는 장물이나 마찬가지였다. 이런 제돌이의 공연이 아이들에게 어떤 교육적 효과가 있을까 싶었다. 사실 서울대공원은 한겨레에 기사화되기 한참 전부터 핫핑크돌핀스, 동물자유연대, 환경운동연합 바다위원회 등 동물보호단체와 환경단체로부터 돌고래쇼를 중단하고 야생 방류할 것을 요구받아왔다. 팩스와 한겨레 신문의 기사의 여운이 주말 내내 내 마음을 복잡하게 만들었다.

결국 나는 월요일에 출근하자마자 박원순 시장에게 제돌이 문제를 이야기했다. 내가 옳다고 생각하는 게 있으면 거침없이 시장실 문을 열고 들어가던 시절이었다. 내 설명에 마음이 움직인 박원순 시장은 제돌이를 직접 보러 가자고 제안했다. 그렇게 제돌이 방류의 첫 단추가 끼워졌다.

박원순 시장이 움직이기 전에 내가 먼저 서울대공원에 들러서 제돌이의 상황을 살폈다. 대공원 관계자들은 본인들이 마치 죄인이나 된 것 같은 상황을 불편해하며 부도덕한 사육 환경은 없다는 것을 강조했다. 나는 여러 차례에 걸쳐서 사육 환경의 문제가 아닌 보편적 동물권 차원에서 접근하고 있음을 설명했다.

초반의 상황은 내가 원하는 대로 돌아갔다. 박원순 시장은 현장 방문을 거친 후 제돌이 방류와 돌고래쇼를 중단할 것을 선언하며 트위터에 '제돌이는 구럼비 앞 바다를 헤엄쳐야 한다'고 적었다. 그런데 뜻밖의 반응이 나왔다. 보수 언론이 이것을 트집 잡아 박원순 시장이 제돌이 문제를 정치화 한다고 비판의 포문을 연 것이다. 당시 해군 기지 문제로 논란이 된 강정마을 앞에는 구럼비 바위가 많았다. 사실 구럼비 바위는 특정 지명이라기보다는 보통명사에 가까우니 제돌이 방류를 강정마을과 연결 짓는 것은 억지에 가까웠다. 여기에 돌고래 한 마리를 보내는 데 8억 원의 예산을 쓰느니 그 돈을 노숙자들에 주는 게 낫다는 등 자고 일어나면 비판 기사가 쏟아졌다.

제돌이와 관련된 모든 책임과 비난이 내게 집중되었고, 예상보다 공세가 거세지니 박원순 시장 입장에서도 피로도가 클 수밖에 없었다. 어느 날 비서관 회의에서 "김현성 씨, 우리가 너무 서두른 거 아닐까?" 하면서 아쉬움을 토로할 정도였다. 그러나 올바른 길을 그릇된 지적으로 피하는 건 박원순 시장과 나의 방식이 아니었다. 게다가 의미 있는 역사를 만들 수 있는 기회였다. 불법 포획된 돌고래를 정부나 지방자치단체가 방류시키겠다고 결정한 것은 세계적으로도 전례가 없으며 돌고래를 방류하는 것 자체가 아시아에서는 처음 있는 일이었다.

마침내 서울시는 '제돌이야생방류시민위원회'를 만들어 제돌이의 방류를 추진했다. 이 위원회의 위원장은 이화여자대학교 교수이자 사회생물학 권위자인 최재천 교수가 맡았다. 이에 해외의 동물보호 NGO들은 일제히 환영의 뜻을 보였고 세계적인 환경운동가 제인 구달(Jane Goodal)은 두 차례에 걸쳐 제돌이의 성공적인 방류를 기원하는 메시지를 전달했다. 제돌이 심포지움에 참석하기 위해 두 차례나 방한한 미국의 돌고래보호 활동가 릭 오배리(Rick O'Barry)는 "돌고래 야생 방류는 한국이 자연을 존중한다는 강하고 긍정적인 메시지를 전해 준 계기가 됐다"라고 밝혔다. 또 국제포경위원회 과학위원인 나오미 로즈(Naomi Rose)는 사회적 합의를 통해 이뤄지는 제돌이의 방류는 세계적으로 전례가 없다며 한국이 제돌이 방류를 계기로 해양동물 보호에 있어 국제적인 리더가 될 것이라며 격려하기도 했다.

최재천 위원장이 이끄는 시민위원회는 치밀하게 준비했다. 제돌이 방류는 모두 12차례의 시민위원회와 기술 소위원회를 거쳐 제돌이의 성공 방류를 위한 철저한 검증 작업을 거쳤다. 시민위원회의 최종 방류 결정은 신체검사 등 야생적응에 따른 모든 분야에서 정밀하고 과학적인 검증방법을 통해 내려졌다.

검증을 위해 고래연구소를 비롯해 서울대공원, 이화여자대학교, 건국대학교 등 전문연구기관이 참여해 외관 및 물리 검사부터 혈액 검사, 병리 검사, 유전학 검사 등 건강 정밀검사와 놀이 행동, 동조 행동, 수면 휴식, 호흡수, 잠수 비율, 잠수 기간 등 활동력 정밀검사, 먹이 선택, 다양성, 먹이 포획 능력, 살아있는 생먹이 반응, 먹이 섭취 후 놀이 반응 등 먹이 활동 정밀검사 등 모든 종합검사를 토대로 적합 판정이 내려졌다. 또한 방류를 위한 시설 준비와 절차, 기상 점검 등을 통해 최종 방류 일자를 확정했다. 이 과정은 모두 서울시가 만든 백서에 자세히 적혀있다.

정치보다 소중한 이름, 생명

그럼에도 이 지난한 과정에 차가운 시선을 보낸 이들이 상당수였다. 제돌이 방류가 보여주기식 정책이라는 것과 과다

한 예산이 집행된다는 게 주된 비판의 요지였다. 나는 동물권이 세계적으로 얼마나 중요한 가치인지 강조하며 온라인 청책, 여론조사, SNS 의견검색 등으로 여론을 꾸준히 모아 진행한 사안임을 설득하는 데 많은 시간을 보내야 했다.

또 과거 박원순 시장이 1994년에 쓴 동물권과 관련된 소논문을 찾아 제시하여 제돌이 방류 결정이 순간적인 결정이 아닌 박원순 시장의 오래된 소신임을 어필했다. 예산 문제 역시 눈에 보이는 비용만 생각할 것이 아니라 눈에 보이지 않는 가치를 생각해야 한다는 게 내 생각이었다. 제돌이 방류 결정 이후 서울대공원의 브랜드는 가치로 환산하기 어려울 정도로 상승했고 반달곰이나 토종여우, 산양과 같은 희귀종의 보존을 위한 정부 차원의 방사 정책도 활발하게 진행 중이다.

그런 와중에 오로지 제돌이에 대한 존중과 애정으로 끝없는 응원을 보내준 사람 역시 적지 않았다. 시민단체 '카라'와 '동물자유연대', '생명다양성재단'이 성금을 모았다. '아시아나항공'은 두 차례 전세기를 내어주었고 '현대그린푸드'는 돌고래들의 급식을 책임졌다.

제돌이와 함께 방류 결정이 된 다른 돌고래 몇 마리는 대법원 몰수 확정판결에 따라 2013년 6월부터 최종 방류지인 제주 김녕 바다로 옮겨져 돌고래 무리가 자주 다니는 곳에서 마지막 적응 훈련을 가졌다. 제돌이를 비롯한 돌고래들은 최종 훈련 중에 지속적으로 다른 돌고래들과 교감했으며 민첩하게 활어 사냥을 하는 등 문제 없이 적응하는 모습을 보여 성공적인 결론을 낙관하게 했다. 최종 훈련 중간에 태풍으로 인해 돌고래 한 마리가 가두리를 빠져나가는 해프닝이 벌어졌으나 그 한 마리도 야생 돌고래 무리 속에 잘 정착한 것으로 밝혀져 관계자들을 안심시켰다.

제돌이는 방류 결정이 난 지 497일만인 2013년 7월 18일, 제주 앞바다에 도착했다. 박원순 시장은 정치적 부담 때문에 참석하지 못하고 내가 그 자리를 대신했다. 가두리 문이 열리고 이제 바다로 힘차게 나가면 되는데, 제돌이는 한동안 빙글빙글 돌기만 하고 밖으로 나가지 않았다. 여러 가지 생각이 맴돌았다. 제돌이 방류도 인간인 나의 주관적 판단이 아닐까, 녀석에게 오히려 편한 수족관이 좋지 않을까, 정글 같은 곳에서 헤쳐나갈 것이 걱정되는 건 아닐까 하는 생각들이 마음을 초조하게 했다. 30여 분을 머뭇거리던 제돌이는 결국 용기를 내어 넓은 바다로 헤엄쳐 나갔다. 최재천 위원장은 "오늘로 우리는 자연과 인간의 갑을 관계를 재정립하게 되었다"고 선언했다.

마침내, 제돌이는 바다로 갔다. 솔직히 이렇게 긴 시간이 걸릴 줄 알았다면 시작하지 않았을지도 모른다. '김현성 네가

이 어려운 일을 해냈다. 잘했다'라며 스스로를 다독였다.

방류 이후 제돌이는 현재까지도 함께 방류된 돌고래 무리들과 어울려 생활하는 건강한 모습이 확인되고 있다. 한 마리의 돌고래를 위해 우리가 했던 일들은 약자와 함께 더불어 사는 사회를 향한 한 걸음이 되어 분명 사람을 위한 일로 되돌아올 거라 믿는다.

제돌이 이야기는 환경보호단체 핫핑크돌핀스에 의해 『바다로 돌아간 제돌이』라는 이름의 어린이용 책으로도 만들어졌다. 이 책에는 제돌이가 그물에 걸려 잡힌 뒤 풀려나기까지 4년여의 삶이 감동적으로 서술되어 있다. 제돌이 이야기 외에도 동물원에 갇혀 전시되고 공연에 동원되는 동물들의 고통스러운 현실과 해양생물의 남획 문제, 바다 환경 보호의 중요성 등에 대해서 다루고 있어 아이들이 보기에 좋은 책이다. 그림책으로는 『제돌이의 마지막 공연』이라는 책도 있다.

제돌이를 바다로 보낸 일은 나에게도 여러 의미가 있는 일이다. 내가 주도한 일이다 보니 외부의 비판이 거세질 때 입장이 곤란한 적도 많았다. 시민위원회를 꾸려 시민의 뜻으로 제돌이를 보내주는 방식을 택했음에도 불구하고, 서울시를 겨냥해 연일 쏟아지는 보수 언론의 비판에 괜한 일로 시장을 난처하게 만든 것은 아닌지 자책을 하기도 했다. 그러나 그 과정에서 언론과 여론을 다루고 시정을 이끌어가는 요령에 대해 많은 것을 배울 수 있었다. 또 이 일을 계기로 서울시에는 동물복지과가 신설되어 지자체가 주도하는 동물복지의 새로운 장을 열었다.

힘든 시기였시만 지금 생각하면 박원순 시장의 최장수 보좌관으로 견딜 수 있었던 힘은 이때 제돌이 이슈를 피하지 않고 끈덕지게 챙겼던 때문이 아닐까 싶다. 오늘날 내가 이렇게 살아가는 것도 제돌이의 보은으로 생각될 정도다.

제주도에는 제돌이의 방류 성공을 기원하는 2m 높이의 표지석이 있다. 표지석에는 '서울대공원에서 공연하던 남방큰돌고래 제돌이가 시민의 뜻으로 이곳에서 방류되었습니다'라는 문구와 함께 최재천 교수의 필체로 '제돌이의 꿈은 바다였습니다'라고 적혀있다. 나는 제주도를 가면 꼭 이곳을 찾아 제돌이와 우연이라도 만나는 날을 꿈꾼다. 제돌아, 행복하니?

세계 동물복지 역사에 길이 남을 제돌이 방류는 개인적으로 가장 오래 기억에 남을 일이다. 제돌이 방류 날 제돌이가 쉽게 가두리를 떠나지 않고 빙빙 돌던 모습이 선하다. 표지석의 문구인 '제돌이의 꿈은 바다였습니다'도 직접 짓고, 제돌이 방류 민간위원장으로 고생하신 이화여자대학교 석좌교수인 최재천 교수의 손글씨를 표지석에 넣자는 것도 직접 제안했다.

3부 물음의 정치는 불가능한가

배가 항구에 있을 때 가장 안전하지만
그것이 존재의 이유는 아니다.

問

설루션(Seoul + Solution) : 서울시 커뮤니케이션 로드맵을 그리다

공공커뮤니케이션 연구

2009년에 설립한 공공커뮤니케이션 연구소는 내가 가진 커뮤니케이션 역량을 공공 분야 입법(立法)에 적용해보기 위한 실험이었다. 커뮤니케이션을 서로의 차이를 드러내기 위한 것이 아닌, 작은 차이를 극복하고 목소리를 합할 수 있는 수단으로 활용한다면 우리 사회에서 빼놓을 수 없는 중요한 과정인 입법 또한 보다 효과적으로 할 수 있다는 생각에서였다.

흔히들 입법이 여론 수렴을 통해 이뤄진다고 하지만 입법 과정의 성패는 민주적 절차와 커뮤니케이션 수준에 달려있다고 해도 과언이 아니다. 입법 과정은 한마디로 개인과 개인, 개인과 집단, 집단과 집단 간의 유기적이고 적극적인 사회화 또는 합의된 의사를 전제로 한다. 좋은 입법은 궁극적으로 이해

당사자 간에 커뮤니케이션이 얼마나 자주, 또 잘 이뤄졌느냐에 달려있다고 볼 수 있다. 이해당사자 간에 사전 협의나 상호존중의 커뮤니케이션 과정이 없다면 어떤 법률이 만들어져도 지지를 받기 힘들다.

입법의 최종 결정은 의회가 중심이 되어 이뤄지지만, 입법 과정은 미디어와 시민단체, 정부, 의회 등 다양한 주체 간의 쌍방향적 협의와 조정을 필요로 한다. 미디어와 시민단체, 미디어와 정부, 미디어와 의회, 시민단체와 정부, 시민단체와 의회, 정부와 의회 등 입법 주체는 연결되어 있으며 서로 영향을 주고받는 쌍방향 커뮤니케이션 관계를 형성한다. 국민의 생활이나 국가 산업에 직접적으로 영향을 미치는 핵심 입법일수록 보다 적극적인 설득과 합의, 다양한 경로의 쌍방향 커뮤니케이션을 통한 정책 조율이 요구된다. 그러나 우리나라는 정부 정책이나 입법 과정에서 여전히 커뮤니케이션 과정이 소홀하다.

이러한 한계를 극복해보고자 나는 국내 최초로 입법커뮤니케이션에 관한 세미나를 열었다. 이 연구를 통해 커뮤니케이션의 양극화가 심화됨으로써 확대되는 사회적 갈등을 막고 커뮤니케이션 격차 해소를 위한 다양한 방법들을 모색해보려 했다. 이때 내가 제안한 개념은 PA(Public Affairs)다. PA는 공공정책과 관련된 공중 및 쟁점들과의 효과적인 상호 작용을 통해 조직의 이익과 정치사회적 영향력을 강화하는 것을 말한다. 공공정책을 이슈화하고 입법을 통해 사업과 서비스의 근본 바탕을 변화시키는 것이 PA의 역할이다. 미국과 유럽연합에서는 PA를 바탕으로 한 공공정책 형성과 공익 캠페인, 시민활동이 대중화되어 있다.

미국 맥주 도매상 협회의 경우 협회에 대한 위상이 약화되고 연방소비세가 증액될 조짐이 보이자 국회의사당의 영향력을 최대로 키우기 위해 조직의 브랜드를 정밀하게 설계했다. 그리고 맥주 산업과 관련된 많은 집단과의 연대 구축을 통해 단일 목소리 캠페인을 구성하고 조직의 가시성과 위상을 유지하는 취지로 미디어 노출 기회를 높이려고 노력했다. 그 결과 다양한 이해관계자와의 연대 구축으로 협회의 영향력이 강화되고 일관된 조직 브랜드가 형성되는 성공적인 캠페인이 진행되었다.

영국 BBC 방송국도 PA를 성공적으로 이뤄냈다. 방송 경쟁 심화로 방송국 운영이 어려워지고 수신료 관련 새로운 법령이 필요해지자 BBC는 정부와 지속적인 관계 구축을 시도하면서 자신들에게 친밀한 시청자와 적대적인 시청자를 구분해 해당 그룹에 맞는 집중적이고 지속적인 커뮤니케이션을 시도했다. 이들은 아예 PA 부서를 설립해 정부와 긴밀한 관계를 유지하기도 했다. 덕분에 BBC는 의회에서 영향력을 높이는 데 성공했다.

이러한 사례와 공공커뮤니케이션의 개념을 정리할 때 내가 바라본 입법 의제와 커뮤니케이션 과정은 크게 다섯 단계로 정리된다. 첫 번째는 이슈 발굴 및 의제 접근 단계다. 사람들이 해결되기 바라는 사안이 곧 정책 이슈다. 이러한 이슈는 곧 정책 의제로 발전한다. 이 단계에서 입법 주체들은 자체적으로 아이디어를 내거나 브레인스토밍을 통해서, 아니면 전문가 집단으로부터 의견을 수렴하는 등의 커뮤니케이션 과정을 취하게 된다. 미디어 관련 의제를 취합하고 외국 사례를 수집하는 활동 단계도 여기에 속한다.

두 번째는 입법 형성 단계다. 사회적 문제 내지 쟁점을 해결하기 위한 제안을 개발하는 것이다. 한 쟁점을 시스템 속에서 정책 의제로 논의하게 되면 문제 해결책이 다양한 분야에서 나올 수 있다. 이러한 토대 위에 정부나 국회에서 입법안이 마련되고 내부 관계자들 간의 커뮤니케이션이 진행된다. 정부의 경우 관련 부처들 간의 커뮤니케이션을 통해 입법안이 기존 법안과 상충되는지, 모순 가능성은 없는지를 점검한다. 이 과정에서 조직의 최고 의사결정권자 등과의 커뮤니케이션도 이루어진다. 외부 집단과의 의견 수렴 및 조율을 위한 공청회나 간담회 등이 이 단계에 포함된다.

세 번째는 입법안 결정 단계다. 이 단계에서는 정부(또는 기업, 시민단체)와 개별 의원 간의 커뮤니케이션이 진행된다. 정부의 경우 국무회의 의결을 통해 정부 입법안이 고시되고, 의회의 경우 상임위나 법안 소위원회 내부적으로 활발한 커뮤니케이션이 이뤄진다.

네 번째는 집행 단계다. 입법 과정에서 집행은 관보를 통한 고시나 신문, 방송, 인터넷 등 미디어의 보도 또는 의원이 개별적으로 주민과 하는 커뮤니케이션 활동 등이 모두 포함된다. 좀 더 광범위하게 보면 법률안의 집행은 행정적 활동으로 나타난다는 점에서 집행 단계는 행정상의 정보 공유와 그 절차에 대한 투명성을 확보하는 과정을 포함할 수 있다.

다섯 번째는 평가 단계다. 입법 과정에서 평가는 크게 공식적 혹은 비공식적으로 이뤄진다. 누구나 비공식적으로 공공정책이 가져올 긍정적이고 부정적인 영향에 대해 평가할 수 있으며, 이런 평가를 누구에게나 전달할 수 있다.

열린 혁신이 기능하는 서울시를 꿈꾸며

서울시 기획비서관이 되고 우선적으로 신경 썼던 것은 서울시 커뮤니케이션 현황이다. 분석 결과 서울시의 커뮤니케이션에는 세 가지가 없었다. 첫 번째는 전술은 있는데 전략이 없었다. 각개 전투는 열심히 하지만 전달이 안 되는 상황이었다. 홍보의 효과성을 고려한 선택과 집중이 필요해 보였다. 두 번째는 시정 홍보의 시스템이 없었다. 홍보 컨트롤타워가 없고 정보가 공유되지 않았다. 세 번째는 홍보의 중요성을 인지하지 못하고 있었다. 단순 고지 위주로 지시에 따른 수동적 홍보가 대다수였다. 한마디로 홍보 보도자료 배포로 시작해 포스터 부착으로 끝나는 홍보였다. 공공커뮤니케이션에 대한 물음이 바뀌어야 했다. '얼마나 많은 사람에게 전달되었는가'가 아닌 '얼마나 많은 사람을 참여시켰고, 얼마나 많은 사람이 공유했는가'가 중요한 물음이 되어야 했다.

이를 해결하기 위해서는 전략적인 기능 보강이 필요했다. 홍보 조직을 통합하고 컨트롤타워를 강화하는 등 홍보 역량을 키우는 게 우선이었다. 그러기 위해서는 슈퍼데스크와 소통상황실 주재회의 간의 분명한 역할 분담이 이루어져야 했다. 슈퍼데스크는 시정 이슈에 대한 대응 방안을 마련하며 매일 주요 언론보도의 대응 방향 등을 고민하는 사후적 조치를 취하는 임무에 집중하고 소통상황실 주재회의는 중 · 장기적인 검토관리 대상 업무에 대한 실행 방안을 논의하는 것이 바람직해 보였다. 아울러 정책 홍보 평가지수를 만들어 주기적으로 평가하고, 홍보 담당자 간에 정기적으로 모임을 갖고 역량 강화를 위한 교육을 진행해 내부 구성원의 전문성을 강화하려는 노력을 기울여야 했다.

커뮤니케이션이 원활해지면 시민 참여형 정책 실행이 자연스럽게 홍보로 이어진다. 미국의 LA 도시교통본부는 발전된 도시교통 정책을 위해 6개월 동안 친환경 교통 활용 방안에 대한 시민들의 의견을 취합하고 공공워크숍, 콘테스트 등 다양한 시민 참여 활동을 진행했다. 또한 법률가, 행정인과의 네트워크를 강화하는 등 새로운 정책 만들기를 시도해 효과를 본 바 있다. 이처럼 세부 정책을 기획하는 데 시민이 참여하도록 하면 그들은 누가 시키지 않아도 정책의 파워스피커 역할을 자처한다.

이어 홍보의 기본 요소들을 하나씩 점검했다. 콘텐츠와 채널, 타깃에 대한 전반적인 미비점이 드러났다. 종합지 성격의 서울시 매체를 전문특화지로 세분화해 타깃팅을 강화하고 정책 기획 기안문 작성 시 사전결재 항목에 '홍보 검토 영역'

을 넣어 담당자들이 타깃과 홍보 방안을 고민하도록 했다. 채널은 웹 중심에서 모바일 중심으로 커뮤니케이션 축을 전환하여 이에 맞는 전략을 구상하고 과학적 미디어믹스를 통한 커뮤니케이션의 전략적 배분을 시도하기로 했다. 또 서울시 채널에 대한 재분석을 통해 시민과 함께 호흡할 수 있는 소통을 강화하는 게 적절하다고 판단했다. 콘텐츠는 핵심 정책 및 핵심 메시지를 기반으로 한 선택과 집중을 거친 홍보를 해야 하고 온·오프라인 콘텐츠를 통합해 보다 효율적인 운영을 해야 한다.

결과적으로 나의 서울시 커뮤니케이션 로드맵은 세 가지로 압축된다. 첫 번째는 시정 홍보 기획 회의, 슈퍼데스크, 소통상황실 주재회의라는 3대 소통회의의 역할을 재조명하고 시민소통기획관의 전략 기능을 강화해 전략 도출 프로세스를 정립하는 것이다. 두 번째는 홍보 리소스를 최소화하는 것이다. 각 부서의 콘텐츠, 이벤트, 시민 참여 명부를 공유하면서 중복된 업무나 소재는 기존 네트워크나 홍보물을 활용하도록 유도하는 방식이다. 세 번째는 시민과의 접점 채널 시스템을 연계해 시민의 적극적 개입을 유도하는 서울형 캠페인을 추진하는 것이다. 제안, 민원 등을 시민 참여 방식으로 통합 관리하는 방안을 모색하고 정책 입안 단계부터 시민의 참여가 이루어지도록 만들자는 취지다.

이러한 과정에서 '열린 혁신'이라는 개념에 주목했다. 원래 열린 혁신은 경영학에서 나온 용어로 기업이 기술을 향상시키고자 한다면 내부 아이디어와 함께 외부 아이디어를 활용하고, 시장을 향한 내·외부 경로를 모두 사용하는 것을 가정하는 패러다임이다. 열린 혁신은 위험과 보상을 공유하는 파트너가 존재하는 혁신이란 의미를 함축하고 있다. 몇몇 학자들은 열린 혁신 이론이 다양한 분야에 쉽게 실행될 수 있다고 생각한다. 오늘날 정보기술은 거버넌스를 변화시키며 정부와 시민의 상호 작용을 재정의하는 기회를 새롭게 열어가고 있고, 특히 몇몇 도시는 이런 특징이 두드러지게 나타난다.

열린 혁신의 관점은 정책 형성 과정에 가치를 부여한다. 공공정책 혁신의 개방적·반복적 문제 해결 기반 모델은 전통적인 공공정책 혁신과 상당히 다른 양상을 나타낸다. 열린 공공정책 혁신은 창의적인 아이디어 개발의 초기 단계와 이후 아이디어의 실험, 실행 단계에 이르기까지 개방성과 생애주기에 기반한 관점을 갖고 있다. 이것은 과학자나 창의적인 사람으로부터 창의적인 아이디어를 얻는 메커니즘뿐 아니라 실험과 집행 단계에서도 적용되는 관점이다.

그래서 이전의 닫힌 공공정책이 정부의 범위 내에 있는 기관과 기술관료 중심으로 합리적이고 전통적인 정보 소스에 의존해 중앙집중적이고 위계적으로 문제를 해결해왔다. 반면 열린 공공정책은 문제 탐색부터 정책 집행에 이르기까지 통합적이며 생애주기에 기반한 활동으로 정부의 조직적 경계 내·외부에 걸쳐 얻은 정보와 지식을 분산적으로 표출하는데 이는 디지털로 쉽게 연결된다.

몇몇 정책은 열린 공공정책 혁신에 의해 편익을 증가시킨다. 그러나 열린 혁신 관점은 혁신을 다양한 주체 간의 복잡하면서도 집중적인 상호 작용의 결과로 가정하고 있다. 이와 같이 혁신은 혁신 생태계 내에서 발생하며 혁신 생태계는 기업, 과학자, 정책 입안자, 정부, 이용자, 개발자, 시민들, 그 외 커뮤니티들이 근본적 변화를 만들기 위해 생산적으로 상호 작용할 수 있는 독립적인 환경이면서 통합적인 생태계를 구성한다. 이런 생태계 내에서의 혁신은 보편적으로 정보통신 기술의 새로운 발전에 의해 지지된다.

다양한 주체들 사이에 공유된 자원, 시설, 역량은 생태계의 핵심을 형성하고 잠재적 혁신을 정의한다. 혁신 생태계의 복잡성은 자연스럽게 증폭하게 되는데, 네트워크가 자연적으로 점차 개방성이 높아지고 국경을 넘어 만들어지는 특징을 가지기 때문이다. 더불어 네트워크는 개방형 비즈니스 모델에 의해 관리된다.

성공적인 열린 혁신의 도시에서는 '스마트 시민'이 등장한다. 서울에도 점차 늘어나고 있는 시민들이다. 도시 정부는 거주자들의 의견을 모으고, 지역사회에 피부로 느낄 수 있는 개선을 만들기 위해 그들이 가진 지식을 적용하는 방법으로 긍정적인 변화를 만들어내기 시작했다. 일부 도시는 웹 기반 플랫폼을 통해 영리섹터 주도 이니셔티브에 협력적으로 참여하기도 한다. 어떤 도시들은 지역사회 개선을 위한 행동과 개발을 이끌어내기 위한 의사결정 과정과 아이디어 탐색에 지역 주민들이 참여할 수 있도록 애플리케이션과 툴을 허용하는 이니셔티브를 취하고 있다. 스마트 시민은 이처럼 정책을 개선하기 위해, 또는 공공서비스를 개발하기 위해 적극적이다. 또한 그들의 도시를 만드는 데 역할을 맡고 지식과 정보를 공유하며 정책 집행과 의사결정 과정에 참여하고 네트워크를 만들고자 하는 시민들이다.

그리고 크라우드소싱(또는 공동 제작, 공동 창작, 공동 관리 등)을 통해 시민과 조직은 정치적 의사결정 과정(정책 형성 과정)이나 이미 기존에 존재하는 정치적·민주주의적 과정에 참여할 수 있다. 열린 민주주의의 이니셔티브와 활동은 이미 다양한 사례가 있다. 아이슬란드는 2010년과 2011년 동안 헌법개혁 과정에 크라우드소싱 방법을 사용하였다. 서울시도

시행하고 있는 참여예산 제도는 평범한 사람들이 지자체 또는 공공의 예산을 어떻게 할당할 것인지 결정하는 민주적 심의와 의사결정의 과정이다. 브라질의 도시 포르투 알레그리(Porto Alegre)에서 참여예산 제도를 시작한 이래로 전 세계 몇몇 도시들이 근래에는 이 과정을 도입하고 있다. 영국의 도시인 캘거리(Calgary)와 캐나다의 토론토(Toronto), 미국의 시카고(Chicago)와 같은 지방정부 또한 흥미로운 사례이다. 또 다른 사례 중 하나는 스페인의 '15M 운동'으로 2011년에 시작되어 지속적으로 진행된 일련의 민주주의 시위였고, 소셜미디어와 시민형 디지털 플랫폼을 집중적으로 사용하여 보다 강력한 효과를 낼 수 있었다.

열린 혁신이 실현되는 공공커뮤니케이션의 일부는 이미 서울시에서 실현되고 있고, 시민들의 의식 수준 역시 많이 올라와 있다. 그럼에도 이상적인 공공커뮤니케이션에 도달하기에는 아직도 장애 요인들이 많다. 이러한 어려움을 극복하고 높은 수준의 커뮤니케이션이 이루어지는 도시를 지향하는 것이 세계 최고의 도시 중 하나인 서울이 가야 할 방향이라는 점은 분명하다. 서울시에서 일하는 동안 누구도 관심 갖지 않던 분야에 목소리를 내고 시민이 직접 만들어가는 서울시의 정책 프로세스에 초석을 쌓았다는 점에 나는 적잖은 의미를 두고 있다.

디지털 사회혁신이 답이다

최초, 최연소 디지털 보좌관

최근 행정안전부 산하에 사회혁신민관협의회가 생겼다. 문재인 정부의 핵심 의제인 사회혁신 정책을 추진하는 조직이다. 사회혁신추진단과 함께 시민 주도의 사회문제 해결 및 삶의 질 개선 등을 지원해나가는 역할을 한다. 협의회는 기반조성, 재정, 시민소통, 디지털사회혁신, 운영 등 5개 분과로 나눠지는데, 나는 디지털사회혁신분과 분과장으로 활동하고 있다.

요즘은 거의 그런 사람이 없지만, 내가 '디지털 보좌관'이나 '디지털 전문가'라는 말을 꺼내면 집에 무슨 컴퓨터를 쓰냐는 둥, 타자 속도가 상당히 빠르겠다는 둥 나를 컴퓨터 가게 아저씨를 대하듯 바라보던 시절이 생각보다 멀지 않다. 내가 디지털과 관련해 인연을 맺은 것은 컴퓨터를 잘 만지기 위해서가 아니라 새로운 시대에 맞는 문제 해결 방식을 찾고 싶었던 데에 이유가 있다.

내가 좋아하는 알버트 아인슈타인(Albert Einstein) 명언 중에 "다른 결과를 원하면서 같은 방법을 반복하는 것은 어리석은 짓이다"라는 말이 있다. 새로운 패러다임으로 세상을 바꿔놓은 천재의 입에서 나올 법한 말이다. 당연한 말 같지만 실천하기는 만만치 않은 명제다. 당면한 과제를 자기에게 익숙한 방식으로 풀어내려고 하는 건 어찌 보면 자기중심적으로 세상을 바라보는 인간의 자연스러운 행동이다. 하지만 변화를 추구하는 사람일수록 기존에 익숙해져 있던 것들을 과감히 바꾸고 새로운 도전을 해야 한다.

살아가면서 우리는 수많은 문제와 마주하게 된다. 사적인 고민에서부터 공적인 과제까지 문제 없는 삶은 상상하기 어렵다. 어찌 보면 문제는 모두에게 공정하다. 그렇기에 변화를 바라보는 삶에서 문제는 문제 자체가 아니다. 문제를 어떻게 정의 내리고 그것의 해법을 어떻게 찾아가는지가 혁신의 본질이다. 혁신은 변화를 문제 해결 과정에서 능동적이고, 유연하게 수용함으로써 진화되어 왔다.

혁신은 기술 이상이다. 기술이 인간의 모든 문제를 해결을 줄 수 있을까? 기술 없이 살아가는 것이 가능할까? 상호 모순적인 것 같으면서도 '대중기술 시대'를 바라보는 복잡한 마음을 표현한 질문이다. 모든 문제를 기술만으로 풀 수는 없다. 문제 안에 사람이 있고, 그 사람이 놓여있는 사정이 너무나 다양하기 때문이다. 어떤 기술이 더 우월한지는 중요하지 않다. 어떤 기술로 어떤 문제를 해결할 수 있는지를 알아보는 관점의 변화가 훨씬 더 가치 있다. 요즘 한참 화제가 되는 '4차 산업혁명'도 마찬가지다. 새로운 기술변화는 단지 성장과 산업에 국한되지 않고 공공의 문제 해결을 위한 혁신적 솔루션을 만들어가는 데 기여해야 한다. 그리고 기술은 사람이 만들어가고 사람을 위해 존재해야 한다. 다시 말해 사람을 중심으로 한 협력과 공유가 4차 산업혁명의 시대 정신이어야 한다.

서울시 보좌관 시절 카카오 김범수 의장과 만나는 자리에 배석해 들은 이야기 역시 비슷한 맥락이었다. 김범수 의장만이 아니라 요즘 잘 나간다는 실리콘밸리 스타트업 대표들의 프레젠테이션도 마찬가지다. 얼마 전까지만 해도 그들은 자신의 회사가 보유한 기술이 얼마나 최첨단이고 최신인지를 이야기하는 데 대부분의 시간을 썼다. 하지만 최근에는 내러티브 방식이 달라졌다. 본인들의 회사가 어떤 사회문제를 해결하는지에 대해 더 열심히 설명한다. 인간을 소외시키는 기술, 사람이 채택하지 않은 기술은 의미가 없다. '얼마나 최첨단 기술인가'가 아닌 '어떤 문제를 해결할 기술인가'로 물음이 바뀌고 있다.

나는 이런 물음에 답을 구하고 싶어 박원순 시장 재선 후 서울시 최초이자 최연소로 디지털 보좌관이 됐다. 한참 유럽연합을 중심으로 디지털 기술변화를 사회문제 해결을 위한 새로운 솔루션을 찾기 위한 '디지털 사회혁신' 흐름이 만들어지고 있을 때였다. 패러다임의 변화는 룰을 바꾼다. 이런 새로운 룰에서 서울은 글로벌 리딩도시가 될 수 있다는 생각을 했다. 구글이 서울에 아시아 구글 캠퍼스를 만들 정도로 서울은 어떤 도시보다 디지털 인프라가 훌륭한 도시이기 때문이다.

나는 서울시가 앞으로 디지털 기술의 변화를 적극적 기회로 삼아 소셜특별시, 디지노믹스(Digital + Economocs), 디지털 사회혁신 등을 실천하는 '글로벌 디지털 수도'로서 비전을 달성해가는 데 기여하고 싶었다. 그것이 마치 무조건 디지털 기술로 서울시를 뒤덮는 기술 맹신주의를 꿈꿨다는 뜻은 아니다. 똑같은 사회적 문제라도 어떤 문제는 기술이 없다면 해결하기 어렵다. 이런 부분을 발견하고 새로운 접근과 시도를 하는 차원에서 디지털 기술이 의미 있다고 본 것이다.

지금 우리는 우편, 전화, 웹으로 연결된 시대를 넘어 모바일과 무선으로 연결된 시대에 와있다. 연결이 바뀌면 문제 해결 방식이 바뀌고 생활의 경험이 바뀐다. 내가 꿈꾼 서울디지털은 시민의 삶의 문제를 해결하고 도시의 문제를 해결하는 방식이다. 유럽연합은 이미 2014년에 디지털 사회혁신(DSI)을 '사회문제, 전지구적 도전을 해결하기 위해 사람들의 참여를 모으고, 협업과 집단혁신을 촉진하는 데 디지털 기술을 사용해 이전에 상상하기 어려웠던 해결책을 찾아내는 것'이라고 정의한 바 있다.

세계는 경제 저성장 기조가 지속되는 중이고, 미처 예상하지 못한 재난과 재해가 빈발하면서 다양한 도시문제로 몸살을 앓고 있다. 선진국들은 이미 국가적 차원에서 디지털을 이용해 사회문제를 해결하려는 다양한 움직임을 전개하고 있다. 영국은 2014년을 '코드의 해(Year of code)'로 지정하고 세계 최초로 국가 차원에서 모든 청소년을 대상으로 한 '코딩', '프로그래밍' 교육을 정규 교과목으로 채택해 실행을 앞두고 있으며 여러 가지 민관협력 캠페인을 기획해 실행 중이다. 미국 역시 이 같은 정책실현을 위해, 마크 주커버그(Mark Zuckerberg), 빌 게이츠(Bill Gates) 등 IT 업계 유명 인사를 중심으로 해 '코드의 시간(Year of code)'이라는 캠페인을 진행했다.

또 유럽연합은 공식 누리집(http://digitalsocial.eu)을 개설해 유럽연합 차원에서 디지털 기술을 사용하는 기관들을 위한 살아있는 지도를 제작해 운영 중이다. CC(크리에이티브 커먼즈)

기반 오픈데이터를 사용해 모든 자료와 정보를 개방했다. 여기에는 전 세계 400여 기관이 참여하고 있으며 세 가지를 목적으로 한다. 첫째, 전 유럽 차원의 디지털 사회혁신 커뮤니티를 건설하는 것. 둘째, 기술 트렌드를 이해하고 이를 사회혁신에 더 활용하는 방식의 잠재성을 이해하는 것. 셋째, 이를 바탕으로 유럽연합에 정책 제언을 하는 것이다.

서울시도 유럽연합만큼의 규모는 아니지만 2015년에 비슷한 민관협력 캠페인을 진행한 바 있다. 지하철 역사, 관공서 등의 실내 지도를 네이버에서 활용할 수 있도록 네이버와 '실내지도 공유' 협약을 체결한 일이다. 덕분에 시민들은 네이버 지도를 통해 지하철 역사 등의 내부를 한눈에 들여다보고 원하는 곳을 찾을 수 있게 되었다. 동시에 서울시는 네이버에서 구축한 실내 파노라마 사진을 제공받아 시 행정의 다양한 분야에 활용했다.

서울시 문제 해결에 디지털 기술을 적극적으로 접목해 가는 데에는 박원순 시장이 갖고 있는 새로운 변화를 긍정적으로 수용하고 과감하게 실천해가는 리더십도 큰 역할을 했다. 그 화룡점정이 '디지털 시민시장실' 계획이다. 박원순 시장의 의도는 재선 후 흩어져 있는 각종 상황실의 정보를 한눈에 보면서 올바른 정책결정을 하겠다는 것이었다. 생각은 단순했지만 실천은 쉽지 않았다. 각 상황실의 표준이 달랐고, 서로 다른 실국을 넘나드는 일이었기에 강한 조정력이 필요했다. 그럴 때마다 박원순 시장은 꼭 필요한 일이라면 목표를 분명히 하는 것을 멈추지 않았다.

그렇게 2년 이상을 준비한 끝에 2017년 여름, 시장실에 재난·안전부터 교통 상황까지 서울의 모든 현황을 한눈에 파악할 수 있는 디지털 시민시장실이 열렸다. 시장실 내에 가로 3.63m, 세로 1.67m 크기의 대형 스크린을 설치해 서울의 모든 현황을 한눈에 파악하고, 소방서 지휘차량 근무직원부터 서울시 주요 사업 담당 부서장까지 현장 직원들과 음성·화상 통화로 직접 소통하고 업무지시등을 할 수 있는 최첨단 시스템을 적용했다.

디지털 시민시장실에서는 화면을 직접 손으로 터치하거나 음성 명령, 모션을 통해 원하는 작업을 수행할 수 있다. 이를 위해 서울시는 서울시의 공공데이터를 제공하는 열린데이터광장, TOPIS, 통합안전상황실 등 167개 시스템의 행정 빅데이터 1,046만여 건, 서울 시내 800여 대의 CCTV 영상정보와 120다산콜 등 민원창구의 데이터까지 총 망라해 디지털화 했다. 이를 통해 보고 절차를 줄여 행정의 효율성을 높이고 선제적인 의사결정이 이뤄지는 게 가능해졌다.

예상대로 디지털 시민시장실은 글로벌 매체에서 혁신 사례로 수차례 소개되면서 시장실의 명물이 됐다. 아침 이슬을 소가 먹으면 우유가 되고, 독사가 먹으면 독이 된다. 정보도 마찬가지다. 디지털 시민시장실은 폭정을 위해 빅 브러더가 되겠다고 하면 폭압정치의 수단이 되겠지만, 더 나은 선택을 위한 과학적이고 효율적인 활용이 이루어지면 실패를 줄여주고 적재적소에 꼭 필요한 시설을 만들어가는 좋은 길라잡이가 될 것이다.

서울의 미래, '디지털 기본계획 2020'

서울시의 '디지털 기본계획 2020'은 서울시가 만들고자 하는 디지털 미래상의 총체다. '새로운 연결, 다른 경험'이 시민 삶의 문제를 해결하고 도시의 문제를 해결해야 하며, 디지털은 사람을 행복하게 하고 도시를 안전하게 만드는 것이어야 한다는 생각으로 구상했다.

디지털 기본계획 2020의 수립 과정은 시민의 목소리를 듣는 것으로 시작했다. 1년간 전체 서울시민 10만 명의 의견을 온라인과 오프라인을 통해 경청했다. 2015년 3월 공청회를 통해 시민과 전문가의 이야기를 듣고, 2015년 6월부터 8월까지는 '디지털닥터단'의 정책자문을 거쳐 다양한 아이디어를 모았다. 2015년 12월 정보화 정책 최고자문회의를 통해 한 번 더 검토한 후 최종적으로 박원순 시장과 나를 포함한 주요 간부들이 머리를 맞대 완성했다.

디지털 기본계획 2020은 '새로운 연결, 다른 경험'을 지향한다. 시민이 주도하는 '소셜특별시', 경제를 키우는 '디지노믹스', 시민 불편을 혁신적으로 해결하는 '디지털사회혁신', 세계를 선도하는 '글로벌 디지털 리더'라는 4대 전략이 골자를 이룬다.

서울시가 실천한 디지털 사회혁신 중 가장 많이 언론에 이야기된 것은 2013년 어느 대학생의 SNS 메시지로 구상되고 빅데이터를 활용해 탄생한 '올빼미 버스(심야 버스)'다. 노선을 만드는 과정에서는 시민들의 심야 통화 데이터와 카드 소비 데이터가 활용됐다. 카드 데이터를 통해서 심야 시간에 시민들이 가장 많이 있는 곳을 파악할 수 있었고, 통화 데이터를 통해서는 이동하는 경향을 알 수 있었다. 시민들이 가장 큰 편익을 느낄 수 있는 노선은 이렇게 발견했다. 아직도 서울시 심야 버스는 빅데이터를 행정에 활용한 중요한 사례로 이야기되고 있다. 또한 4차 산업혁명이 공공 문제 해결에 어떻게 접목될 수 있는지를 보여주는 사례이기도 하다.

새로운 연결은 실질적 삶의 문제를 해결해야 의미가 있다. 이제는 먹고사는 문제의 해답을 디지털에서 찾을 수 있다. 사물인터넷(IoT) 기술을 접목하여 도시문제를 해결하는 발전소인 '사물인터넷 특화 인큐베이션센터', 24시간 소통할 수 있는 열린 공간이자 창의적 인력양성소인 '개포디지털혁신파크', 1인 앱개발자 육성지원 핵심 거점인 '앱비즈니스센터', 핀테크 산업 육성·지원 핵심 거점인 '핀테크 듀얼 클러스터(여의도·영등포)' 등은 그러한 맥락에서 조성되는 공간들이다. 그리고 '서울디지털재단'은 디지털 정책의 싱크탱크 역할로 설립되어 디지털 경제 통합 플랫폼 역할을 수행하게 된다.

또한 디지털 ICT(Information & Communication Technology)는 현재 행정이 가장 어려워하는 지점 중 하나인 맞춤형 복지•를 실현시킬 수 있게 해준다. 현재는 지역의 어려운 사람을 찾으려면 사회복지사가 일일이 동네를 돌아다니며 직접 방문하는 수밖에 없다. 하지만 디지털 기술은 문제 발견에 소요되는 시간을 대폭 줄여줄 수 있다. 그렇게 되면 사회복지사는 문제 발견보다 문제 해결에 훨씬 더 많은 시간을 쓸 수 있다. 데이터를 이용해 어린이 보호존과 노인 보호존을 마련해 공간을 효율

• 적정 수혜자를 제대로 찾는 것, 복지의 혜택을 꼭 받아야 할 사람이 받는 것을 뜻한다.

적으로 운영하는 것 역시 가능하다. 예를 들어 지하철 출구의 경우, 어느 출입구 쪽에 노인이 많이 다니는지를 데이터화해 노인 이용률이 높은 곳에 에스컬레이터를 설치하는 식이다.

지금의 행정이 올바른 방향으로 가려면 시민 누구나 격차 없이 정보에 접근할 수 있어야 한다. 그것이 소위 말하는 접속권이다. 새로운 시대는 새로운 권리를 부여할 필요가 있다. 데이터가 비용으로 거래되는 상황에서 국민들의 정보 접속과 관련된 격차는 자본의 격차를 만들고 있다. 이는 빈부 격차의 요인이 되기도 한다.

나는 서울시 전역에서 무료 와이파이를 이용할 수 있게 하는 계획을 세웠다. 달리는 버스, 지하철, 공공장소 어디에서든 누구나 무료로 이용할 수 있는 무선 인터넷을 서울 전역에 조성하겠다는 것이다. 이미 최고 수준인 서울시의 디지털 인프라를 더욱 발전시켜 데이터센터의 신개념인 클라우드 환경을 조성하고, 더욱 빨라지는 유선통신망, 열린데이터 광장을 확대하면 더 많은 사람이 편리하게 정보를 활용할 수 있다.

디지털은 생물이다. 쉽게 풀이하면 카카오톡 채팅방과 같이 디지털은 어떤 문제를 공유하고 협력하며 문제를 풀어나가는 데 쓰임이 크다. 시민들의 삶에는 이미 디지털 혁신을 통한 문제 해결이 자리를 잡은 상태다. 서울시 역시 이런 시민들의 힘을 빌어 서울의 문제를 해결해가려 하고 있다. 나는 디지털 보좌관으로서 이러한 디지털서울을 만들고 비전을 제시하는 데 일조했다는 것에 큰 자부심을 가지고 있다.

청(聽)책의 탄생

얼마 전 민주연구원 부원장으로 〈시사저널〉과 인터뷰를 했다. 문재인 정부에 바라는 점을 묻는 질문에 "가장 많이 물은 정부가 됐으면 한다", "마침표를 찍겠다는 생각보다는 물음의 정부가 됐으면 한다"고 이야기했다. 역대 모든 정치와 행정의 문제는 지나치게 마침표를 찍으려고 했다는 점이다. 이는 보통 사람들보다 특별한 사람이 선민의식을 갖고 이끌어가는 것이 당연시 되던 시대에 가능했던 이야기이다. 개인이 아는 것보다 지도자가 아는 정보가 더 많았을 때는 상상해볼 수 있는 결말이다. 그러나 이제는 정책을 소비하는 국민과 그것을 생산하는 리더십 사이에 정보의 비대칭성이 거의 없다. 판단을 하는 지도자가 아는 만큼 국민도 안다고 생각하면 된다. 그런 상황에서 정치와 행정, 리더십은 좋은 조정력을 만들고 최

노무현 재단이 진행했던 '노무현 정책학교' 1기 입학식 때 문재인 대통령과 나.
그때는 농담도 건네곤 했는데 지금은 대통령으로 당선되셔서 뵙기 힘든 분이 됐다.
그래도 늘 응원한다.

선의 선택을 위해서 더 많이 들어야 한다. 더 본질적인 속마음, 인사이트에 접근하기 위해서는 물어야 한다는 말이다. 그래서 2011년 박원순 시장의 기획비서관으로 했던 첫 보고의 컨셉이 'Lidership(Listen+Leadership)'이었다.

이제는 모든 분야에서 정보의 대칭이 이루어지는 시대다. 과거 생산하는 기업이 소비자보다 월등한 정보를 가지고 있었던 시절이 있었다. 소비자는 생산자의 이야기를 그러려니 하면서 믿고 따를 수밖에 없었다. 이때는 기업과 소비자 사이에 매스미디어가 통역 역할을 했다. 이런 상황 속에서는 기업과 미디어 간 담합 구조가 만들어지고 소비자는 선의의 피해를 입기 쉬웠다. 그러나 인터넷과 스마트폰의 등장은 생산자와 소비자 간 정보의 비대칭을 획기적으로 전환시켰다. 생산자는 더 이상 소비자 위에 있을 수 없다. 각종 정부 규제가 풀렸지만 소비자 규제라는 더 무서운 규제가 자발적으로 새로 만들어진 셈이다. 기업은 적극적으로 소비자를 생산의 조력자로 만들어 가고 있다. 프로슈머, 크리슈머, 모디슈머 등의 새로운 소비자군은 소비자 규제를 타개해가기 위한 기업의 고육책이다.

이제는 인도의 초등학생이 레고를 통해서 점자인쇄기를 만들고, 대학교육을 받지 않은 일반인이 의약품을 만든다. 이른바 대중기술 시대다. 과거 라디오의 등장은 특정 계층의 향

유물이었던 음악을 대중음악으로 만들었다. 인터넷의 등장은 대중기술 시대를 열었다. 정치와 행정도 이런 변화를 어떻게 수용할지에 대한 답을 해야 한다. 예상되는 미래에 끌려갈 것인지 이끌고 갈 것인지 선택해야 하는 시점이다.

여기에 대해서는 '정책'이 아니라 '청(聽)책'이 답이라는 게 박원순 시장과 나의 답이다. 똑똑한 국민, 유권자들의 의견을 듣고 큐레이션하는 것만으로도 충분히 훌륭한 정책이 만들어질 수 있다는 생각이다. 서울시의 많은 정책이 듣는 과정에서 나온 것이다.

소통의 핵심은 경청이다. 과거 정부는 소통 없이 결과만을 알리고, 일방적 홍보에만 몰두했다. 기업이 만드는 제품과 달리, 정책은 처음 이야기되는 순간부터 이해당사자가 생긴다. 기획하는 순간부터 국민에게 전달돼야 하는 이유다. 정책은 처음 입안하는 과정부터 국민과 어떻게 소통해야 할지를 잘 설계해야 한다.

정책 결정 과정을 알려 국민을 참여시키고 결정된 정책 내용을 국민에게 알리는 것은 정부의 책무다. 정책 갈등은 국민들이 과정에 참여하지 못하면서 유발된 확률이 높다. 그렇게 생겨난 갈등은 또 다른 사회비용이 된다. 소통을 통해 직·간접적으로 정책 결정에 참여하는 국민들은 정책을 수용할 확률도 높다. 이를 통해 갈등 비용이 줄어들고, 정책 집행도 좀 더 수월해진다. 갈등으로 인한 비용 손실은 한 해 최대 246조 원이다. 서울시의 10년 예산이다. 국공립 어린이집 10만 개, 임대주택 90만 호, 600만 명이 입주하는 대학생 기숙사를 세울 수 있는 돈이다.

버락 오바마(Barak Obama) 전 미국 대통령은 재임 중 150회 이상 기자회견을 했다. 대통령이 국정 철학과 방향을 국민에게 소상히 고하고 국민을 직접 설득하는 것이 새로운 시대에 필요한 정부의 자세다. 과거처럼 국민이 모르는 것을 정부가 알면서 계몽적으로 국민을 이끌어가야 한다는 무거움은 내려놓아도 된다. 대신 투명성은 정책 수립 과정의 중요한 원칙이 돼야 한다. 나는 설사 보여주기 위한 쇼(Show)라고 해도 소통하고 들어주려는 태도가 중요하다고 본다. '어떻게 가까이에서 소통할 수 있을 것인지'에 대한 물음의 답을 찾는 대안적 정치가 이뤄져야 한다.

그래서 내가 만들어낸 말이 정책이 아니라 '청(聽)책'이다. 국민들의 이야기를 들어주기만 해도 불신은 해소된다. 아마 '청책'만큼 서울시가 만들어낸 말 중에 오래도록 회자된 단어는 없을 것이다. 단어 자체가 유독 뭔가 특별하다기보다는 시민이 가장 듣고 싶었던 말이자 박원순의 시정을 잘 설명할 수 있는 단어였기 때문이라고 생각한다.

청책을 실현하기 위해 만들어진 것들은 무수히 많다. 쉬운 예로는 '원순씨 X-File'이라는 제목의 페이스북, 트위터 등 SNS를 활용한 생방송 프로그램이 있었다. 정책의 결과는 뉴스에 나온다. 나는 그것보다는 정책의 과정을 자세히 보여주고 서울시가 중요하다고 생각하는 이슈를 시민들에게 직접 말해주고 싶었다. 시민을 시정의 파트너로 여긴다는 상징적인 의미로 기획했다.

박원순 시장이 직접 출연을 하다 보니 방송에서는 재미있고 엉뚱한 요구가 많았다. '하트를 날려 주세요'부터 '청와대로 가주세요', '새누리당 만세를 외쳐달라'는 요구까지 있었다. '젓꼭지 보여달라'는 짓궂은 요구에 시장은 "이건 외설이다"라고 맞받아치며 노련하게 넘어가기도 했다. 박원순 시장은 시정 현안 외에도 정치, 경제, 시사 영역을 넘나들며 자유롭게 의견을 표현하며 시민과 의사소통했다. 이때 박원순 시장은 가습기 살균제 사건과 관련해서 서울시 차원의 옥시 제품 불매 운동을 선언하기도 했다.

'#원순씨가 간다'는 '서울시장 일정은 시민을 위해 온전히 쓰여야 한다'는 박원순 시장의 철학을 담았다, 위로와 격려가 필요한 시민들이 사연을 신청하면 서울시장이 직접 찾아가는 방식이다. 메르스 사태를 겪으며 시민이 초대하면 바로 달려가는 시장의 모습이 있어야 한다는 마음으로 기획했다.

시민들은 진정성 있는 사연을 잇달아 올려 시장을 불렀다. 이에 화답해 박원순 시장은 서울대학교의 청년 기업, 노량진 학원가, 메르스로 침체된 지역상권, 명동, 인사동, 홍대, 동대문 등을 방문해 서민들을 응원하고 그들의 목소리를 들었다.

청책의 실현은 디지털 공간에서의 소통으로 끝나서는 안 된다. 청책은 실제 현장에서 문제 해결로 이어질 때 완성된다. 나는 '현장일정 3.3.3 원칙'과 '사후관리 123 방안'으로 '#원순씨가 간다'를 운영했다. 현장일정 3.3.3 원칙은 3일 전에 일정을 계획하고 3시간 전에 번개 일정을 정하며 수행원은 3명 이내로 제한한다는 것이다. 사후관리 123은 시장이 방문하고 나서 끝이 아니라 1주일 내로 다시 방문해 시장과 나눈 조치 사항들이 잘 처리되었는지 확인하고 2주일 내 관련 커뮤니티를 만들며 3달에 한 번은 신청자와 미팅을 갖자는 것이다. 현장성 있게 움직이면서 진정성 있게 시민을 대하자는 의미였다.

청책의 발명가이자 소통의 달인이라고 자처하지만 나 역시도 매일 소통의 벽 앞에서 헛발질을 한 게 한두 번이 아니다. 수신제가 치국평천하(修身齊家 治國平天下)라는데, 정작 집에서조차 아내나 아이들과의 대화에 실패해 여느 가장들처럼 고개 숙이고 지낼 때도 많다. 그럼에도 내가 중요하게 생각하는 건 소통에 대한 의지와 감각이다. 앞으로 디지털 환경이 어떻게 바뀌어나갈지는 예측불허다. 하지만 주요한 소통의 도구로 디지털이 작용할 것이라는 점은 분명하다. 서울시 보좌관으로 일하며 디지털의 세계를 통해 다양하게 교류한 경험들은 앞으로 새로운 소통의 장을 열어가는 데에 큰 힘이 되리라 믿어 의심치 않는다.

출사표 :
나는 왜 정치를 하려고 하는가

'디지털 사회혁신'이 답이다 : 플랫폼 정부(국가)론

영화 〈택시운전사〉가 대단한 흥행 기록을 세웠다. 나도 극장을 찾아 눈물을 흘리며 영화를 봤다. 촛불 정국을 거친 지금, 종종 광주의 그날에 대해 생각한다. 역사의 숱한 이야기들 중 유독 오월의 광주 이야기는 먹먹한 울림으로 다가온다.

"계엄군이 오고 있습니다. 시민 여러분, 잊지 말아주십시오. 우리는 끝까지 싸우겠습니다"와 같은 외침은 어떻게 나올 수 있는 걸까. 광주시민들과 청년들이 목숨으로 지킨 광주정신은 내게 용기를 준다. '불의에 저항하고, 대동사회를 만들자'는 1980년 5월 광주가 보내는 시그널은 시간이 지날수록, 말과 글로 접할수록 더 강렬했다.

"오늘 우리는 패배할 것이다. 그러나, 내일의 역사는 우리를 승리자로 만들 것이다."

윤상원 열사가 도청을 사수하면서 했다는 이 말은 역사에 대한 믿음과 자신감, 신뢰를 키워줬다.

하지만 여전히 갈 길은 멀다. '천하의 근심을 먼저 걱정하고, 천하의 즐거움은 뒤늦게 즐긴다(先天下之憂而憂 後天下之樂而樂)'는 이야기는 결코 송(宋)나라 범중엄(范仲淹)의 것일 수 없다. 천하가 고통과 절망 속에 잠겨있는데 누가 즐겁다고 할 수 있을까. 2시간 동안 수장되어가는 아이들의 절규를 생방송으로 보고만 있어야 했던 세월호 사건, 국민 안전에는 '1% 가능성이 100%다'는 것을 알게 해준 메르스 사태, 한 방향의 역사만을 강요하는 폭력적인 국정 역사교과서 제작, 위안부 피해 할머니들조차 몰랐던 한일 위안부 불가역 협약, 헌법 정신을 유린한 정부에 의한 희대의 여론 조작 사건인 어버이연합 게이트, 남북 관계를 다시 원점으로 되돌리고 남북 평화를 위협하는 개성공단 폐쇄, 5년 넘게 수백 명의 산모와 아이들을 죽음으로 이르게 했던 살인마 가습기 살균제 사건……. 서울시 보좌관으로 일하며 목도한 이 사건들은 나에게 역사가 후퇴하는 것이 아닌가 하는 걱정을 하게 만들었다.

박원순 시장과 함께하며 다시금 마음 깊이 느낀 진실은

민주주의가 결과만큼이나 과정이 중요하다는 것이다. 그래야 갈등이 줄어들고 결정된 내용에 대한 책임이 높아진다. 공개함으로써 나오는 비난이나 문제는 은폐함으로써 발생하는 문제에 비하면 아주 작다. 죽음의 가습기 살균제 문제도 공개되고 함께 논의가 됐다면 150명이 넘는 사람들이 죽는 참사는 막을 수 있었을 것이다.

핀란드의 '오픈 미니스트리(Open Ministry)'•는 헌법을 개정해 국회의 고유 권한처럼 여겨진 입법권을 시민들에도 허용했다. 온·오프라인으로 시민 5만 명이 동의한 법안이 국회로 상정된다. 또한 '디지털 사회혁신 플랫폼'을 기반으로 시작해 최근 스페인의 제3당이 된 포데모스(Podemos)는 정당의 주요 정강과 정책들을 클라우드펀드를 이용해 당원과 국민들이 직접 참여해서 만들고 있다. 2014년 세월호 특별법 제정 당시 650만 명이 서명해도 청원 운동으로만 그친 우리나라와는 딴판이다.

민주주의 역시 디지털 기술을 만나 진화하고 혁신하고 있다. 소수의 특권층이 권력을 독점하는 방식이 아닌 시민들이 권력을 분산해서 갖는 방향으로 변해가야 한다. 이런 디지털 플랫폼은 투표하는 순간에만 시민이 주인 대접을 받는 게 아

• '찾아가는 장관실'의 개념으로 장관이 현장에서 직접 정책여론을 수렴하는 것을 말한다.

니라 일상에서 시민이 권력을 누리는 '일상의 민주주의'를 실현해가고 있다.

더 이상 전지전능한 어떤 한 사람의 리더가 현실의 문제를 알아서 해결해주겠지 하는 시대는 지났다. 공개하고 공유해 함께 문제를 해결해가는 열린 혁신의 시대다. 지금까지 없었던 듣지도 보도 못한 시민정치의 시대다. '대한민국은 민주공화국이고, 그 모든 권력은 국민으로부터 나온다'는 헌법정신처럼 이제는 진정 '국민권력 시대'다.

'수가재주역가복주(水可載舟亦可覆舟)'라고 했던가. 이제 국민은 배를 띄울 수도 있고 뒤집을 수도 있다. 국민 없는, 국민을 모르는 '민맹의 정치'에서 벗어나야 한다. 힘겨운 현실을 견디는 국민들은 내일이 오늘보다 나을 것이라는 희망을 붙잡고 살아가고 있다. 오늘 사는 삶을 내일도 똑같이 산다면 오늘의 절망은 이겨내기 어려울 것이다. 사람만 바뀌고 시스템과 틀은 그대로인 교체가 아니라 근본적 탈바꿈과 거대한 전환이 이루어지는 시대 교체, 미래 교체가 되어야 한다는 것이 민심이다. 국민 없이 정치공학만 있는 이합집산 논의는 하루하루 힘겹게 살아가는 국민들에 대한 배신이다.

룰을 제대로 바꾸기 위해서는 일상의 민주주의와 플랫폼 정부가 필요하다. 룰을 결정하는 정치가 소수의 세력 관계와

플랫폼을 기반으로 한 직접민주주의는 내가 정치를 하는 이유이다. 4차 산업혁명이 성장이 아닌 사회문제 해결을 위한 수단이 됐으면 하는 바람이다.

친소 관계에 의해서 불공정하고 불투명하게 결정되고 있다. 룰을 결정하는 과정을 투명하고 합리적으로 하며 더 많은 사람들이 참여를 통해 결과에 승복하게 하는 '플랫폼' 역할이 중요하다. 정부는 공정하고 정의로운 플랫폼으로 작용해야 한다. 길게 설명할 필요 없이 이미 촛불 민심은 기성 낡은 정치에 대한 준엄함 심판을 내린 바 있다. 정부는 더 다종다양해진 국민들의 이해와 요구를 담는 플랫폼 기능의 정치로 나아가야 한다.

대동경제 Weconomics : 룰을 바꾸자(Change The Rule)

고등학교 때, 학교 앞에 낡은 서점 하나가 있었다. 어느 해인가, 어마어마하게 비가 와서 온 동네가 물난리를 겪을 때였다. 하늘이 뚫린 듯 쏟아지던 비가 그쳤지만 곳곳의 집들은 빗물이 빠져나가지 않아 바닥이 흥건했다. 그때 나는 내 친구와 책을 사러 서점에 갔다가 실수로 책을 잘못 뽑아 책장 한 면의 책들이 빗물로 질퍽거리는 바닥에 모조리 쏟아진 일이 있었다. 이 일을 어떻게 하나 눈앞이 깜깜하던 찰나에 달려온

주인 아주머니의 첫 말씀은 이거였다.

"어디 다친 곳은 없니?"

물건보다 사람을 먼저 바라보는 것. 어찌 보면 작은 사건이었지만 나는 아직도 우리의 안위를 먼저 걱정해주던 따뜻한 목소리를 잊지 못한다. 그런데 우리 사회에는 이런 인간 중심의 사고를 하지 못하는 사람이 많다.

복지가 화두다. 내가 생각하는 복지의 이상향은 물고기를 잡는 법을 알려주는 복지다. 자립할 수 있는 복지가 필요하다. 그러기 위해서는 일자리와 교육, 복지가 융합되어야 한다. 지금 세대를 위해 재원을 모두 소진해버리는 식의 복지 또한 곤란하다. 다음 세대를 위한 복지도 생각해야 한다.

성장을 이끄는 일자리, 일자리를 통한 복지, 성장을 위한 복지, 일자리 성장 분배 간 삼위일체 선순환 구조가 필요하다. 다른 결과를 원하면서 같은 방법을 반복하는 것은 어리석은 짓이다. 과거에는 성장만 하면 복지가 될 것이라고 했고, 곳간에서 인심 난다면서 곳간을 키우는 것을 절대선이라고 생각한 시대도 있었다. 하지만 곳간이 커질수록 불평등도 커져만 갔다. 이제 다른 시도가 필요한 시점이다. 대기업에 쓰는 돈은 투자라고 하고, 서민에게 쓰는 돈은 비용이라고 하는 과거 프레임에서 벗어나야 한다.

복지는 공정한 경쟁을 가능하게 하는 공정한 세상을 만드는 데 기여해야 한다. 개천에서 용이 나와야 하는 것이다. 계급 간의 이동이 노력 여하에 따라 가능해야 하는데 청년들은 그 꿈을 점차 포기하고 있다. 청년들에게 꿈만 꾸라고 할 것이 아니라 그 꿈을 실행할 수 있는 사회적 기반이 마련돼야 한다. 자기 동력이 자라날 때 동기와 자기주도성을 키울 수 있다. 이 모든 것이 복지다.

지금 대한민국은 '불'이 났다. 불평등, 불공정, 불신, 불균형의 '불'이 난 것이다. 눈에 보이는 불은 물로 끄지만 국민들 마음속에 난 불은 현장과 소통으로 끌 수밖에 없다. 그것이 정치가 해야 할 일이다. 그동안 정치는 불을 끄기는커녕 오히려 불을 내는 역할을 했다. 불을 더 확산시키는 역할을 했다.

2017년 대선을 앞두고 박원순의 이름이 언급되면서 서울시정도 잠시 들썩인 것이 사실이다. 물론 개인적으로는 박원순 시장의 이름이 대선 후보로 오르내리는 것은 서울시의 혁신이 서울에서만 국한되지 않고 국가 차원으로 확산되기를 바라는 국민적 기대의 표현이기에 솔직히 기뻤다. 사실 서울시는 대한민국에서 상당히 중요한 위치에 있기에 서울시의 정책 실현이 대선과 연계시켜 해석되는 것은, 박원순 시장만이 아니라 앞으로의 서울시장이 감당해야 할 숙명이다.

나는 이런 상황을 억울하고 답답해하기보다는 5년의 시정을 제대로 알리는 계기로 삼고자 했다. 5년 동안 시장으로 묵묵히 일할 때는 관심을 받지 못했던 정책들을 알리는 계기가 될 수 있겠다는 생각이었다. 특히 '청년수당'은 만드는 2년여의 과정에서는 크게 주목을 받지 못하다가 대선을 맞아 확대 재생산된 면이 있다. 90억 원 예산의 정책이 몇 배의 홍보 효과를 봤다.

박원순 시장은 2011년 재보궐선거 출마를 '서울이 바뀌면 대한민국이 바뀐다'는 의지로 시작했다. 민생을 돌보지 않는 당시 정부와 정치권에 대한 분노의 표시가 무소속인 박원순 후보에게 표를 몰아주었다. 나는 당시 그를 지지해준 시민들의 마음은 그때나 지금이나 바뀐 것이 없다고 본다.

그렇다면 이제 무엇을 바꿔야 할까. 박원순 시장과 5년을 보내고 세상이 돌아가는 것을 바라보며 느낀 우리 사회의 가장 큰 문제점은 불평등과 불공정이다. 나는 희망의 반대말이 불평등과 불공정이라고 단언한다. 불평등, 불공정의 문제는 자원을 배분하는 정치가 지나치게 특정 세력에게 유리한 룰을 만들어왔기에 벌어진 것이다.

단군 이래 최고의 실업률과 가계부채 1,200조 원, 수저에 따라서 신분이 정해진다는 극심한 부의 대물림 시대……. 이제는 모두를 위한 경제, 우리를 위한 경제인 Weconomics(We + economics)를 실현해야 하는 시대다. 하지만 신자유주의는 정부와 시장의 이분법 안에서 정부는 악, 시장은 선으로 프레임화한다. 정부와 시장은 선택의 대립항이 아닌 상생의 동반자 관계다. 향후 정치는 '나쁜 정부냐? 좋은 정부냐?'를 논해야 한다. 좋은 정부를 어떻게 만들 수 있을지를 고민해야 한다. 결국 핵심은 좋은 정부를 만들자는 것이다.

미국의 저명한 경제학자 조셉 스티글리츠(Joseph Stiglitz) 교수가 저서 『불평등의 대가』에서 밝혔듯이 기존 신화처럼 믿어왔던 룰인 성장에 대한 믿음, 노동에 대한 생각 등을 바꿔야 한다. 스티글리츠 교수는 99%를 위한 정책이야말로 1%를 위한 정책이기도 하다고 말한다. 99% 일자리를 갖고 보편적 생활을 할 수 있어야 1%의 존재도 유지될 수 있기 때문이다.

미국 대선의 돌풍을 일으켰던 버니 샌더스(Bernie Sanders)의 말대로 주 40시간 일하는 사람이 불행해서는 안 되는 나라를 만들기 위해서는 그런 사람들의 관점에서 룰이 만들어져야 한다. 99%와 1%는 상호의존적인 공존의 관계다. 그렇게 생각하면 '정권 교체, 시대 교체, 미래 교체'의 목적은 룰을 바꾸는 것이다. 낡은 룰을 벗어나야 새로운 대한민국을 만들어갈 수 있다. 예컨대 사회적 경제는 경제의 룰을 바꾸는 획기적 전환이다. 과거에는 이윤만을 추구하는 게 기업의 개념이었지만 이제는 사회문제 해결에 기여하면서 이윤도 추구하는 새로운 룰을 가진 기업들이 존재한다. 박원순 시장이 가장 성공한 사회적 기업이라고 할 수 있는 아름다운가게와 아름다운 커피를 만든 것은 우연이 아니다.

사물인터넷(IoT), 인공지능(AI), 로봇, 나노기술, 바이오, 드론, 자율주행차량, 3D 프린터, 빅데이터 등 정보통신기술(ICT)이 기존 제조업과 융합해 생산능력과 효율을 극대화해 가고 있다. 이 과정에서 많은 일자리가 사라질 것이고, 새로운 일자리가 생길 것이다. 이세돌을 이긴 알파고(AI)의 사례처럼 이미 미래는 우리 앞에 와있다. 문화예술 분야도 예외는 아니다. 문화예술은 이제 어느 한쪽 면만으로 성장할 수 없다. 산업의 역할, 쉽게 생각하면 〈타이타닉〉 같은 영화 한 편이 자동차 150만 대를 수출한 효과를 얻어서 산업적으로 일자리를 만드는 일종의 대중예술이 있고, 모든 사람이 즐겨 하지는 않지만 결국은 예술로서 평가받아야 할 수 있는 공공예술이 있다.

이제는 이 두 가지가 맞물려 가야 한다. 어느 하나가 독점해서 어느 문화 전체를 다 이론화시키고 하나로 만드는 것은 미개한 일이다. 유감스럽게도 전 정부는 시대를 완벽하게 역주행하여 블랙리스트를 만들고 문화예술을 통제했다. 당연히

이 나라에 문화예술의 발전이 있었을 리 없다. 정부가 대중예술과 공공예술을 모두 키우는 동시에 창의력을 가진 사람들이 간섭받지 않고 자신이 역할을 할 수 있게 해줄 때 문화예술은 성장한다.

다보스포럼의 클라우스 슈밥(Klaus Schwab) 회장은 4차 산업혁명으로 70%가 넘는 일자리가 사라질 것이라 예측하고 있다. 이전에 경험하지 못한 속도와 방향을 가진 산업혁명이 진행되고 있다. 과거 박정희 정부에서 했던 국가 주도의 경제개발 5개년 계획을 따라하는 수동적 흉내내기로는 안 된다. 국가의 주도가 아닌 개인이 갖고 있는 창의성을 어떻게 잘 발전시켜나갈 수 있을지 고민해야 한다. '지원은 하되 간섭은 하지 않는다', '민간이 잘 할 수 있는 것은 민간이 잘 할 수 있도록 만든다'는 원칙하에 '창업 국가'를 만들어가야 한다.

호위어(語)사 : '다 그래'를 바꾸자

2017년 7월부터 더불어민주당의 정책연구소에서 최연소 부원장으로 일하고 있다. 이곳은 여당의 싱크탱크다. 공공의 문제 해결을 위한 좋은 솔루션을 찾고 법과 제도를 만들어낼 수 있도록 노력하고 있다. 또한 현 정부에서 만드는 새로운 법과 제도를 국민들이 쉽게 이해할 수 있도록 전달하려 한다. 그러기 위해서 각 영역의 다양한 목소리를 세미나와 심포지엄을 통해서 경청하고 새로운 법과 제도 등을 알리며 동시에 이슈화도 시킨다. '이슈 리포트 코리아 리포트'를 매주 발간해서 설명 자료들을 내며 '민주연 TV'를 만들어 영상콘텐츠 보고서를 제작해 서비스 중이다.

앞으로의 나는 고민하기보다 움직이기를 원한다. 대공황을 해결한 프랭클린 루스벨트(Franklin Roosevelt) 대통령이 그랬던 것처럼 더 솔직하고 정직하게 국민들에게 상황을 소상히 설명하고 그 해법도 국민 안에서 찾아야 한다. 그래야 지금의 두려움이 할 수 있다는 용기로 바뀔 것이다.

아직까지 한국에는 평론가적 정치와 정치인이 너무 많다. 지금은 평론이 필요한 것이 아닌 실행과 실천이 필요하다. 'Doing 해야 Being 할 수 있다'는 말처럼 지금은 행동해야 할 때다. '산을 만나면 길을 만들고 강을 만나면 다리를 놓는다'는 말처럼 지금은 문제 해결을 위한 정치가 필요하다.

문재인 정부가 국민에 의해 탄생된 만큼 국민들이 새로운 정부에 거는 기대는 크다. '국가는 무엇인가, 나라다운 나라

'추다르크'라는 별칭이 무색하지 않을 만큼 추미애 대표는 자기 입장이 분명했다. 2017년 6월 더불어민주당 추미애 당대표 특보로 임명됐다. 지금도 나는 추미애 당대표의 특보다.

는 어떤 것인가'라는 촛불의 물음에 대한 응답이 바로 문재인 정부다. 무엇보다 국민이 주인이 되는 국민주권 시대를 만들어 가는 것이 최우선이다. 국민을 위해서 일해야 할 권력이 국민 위에 군림해서는 안 된다. 그동안 국민 위에 군림했던 적폐를 바로잡고, 국민이 주인이 되는 국민주권 시대의 원년을 만들어 달라는 것이 국민의 명령이다. 이런 명령을 충실하게 수행하는 것이 문재인 정부의 소명이다. 나는 이미 대선 당시 문재인 캠프의 사회혁신 네트워크 '더혁신'에 참여한 공로를 인정받아 표창장을 받을 정도로 새로운 시도의 부름에 화답한 바 있다.

따져보면 문재인 정부는 인수위원회도 없이 여러 가지 어려운 조건 속에서 출발했다. 그것을 생각해보면 지난 시간은 일종의 지도를 만드는 기간이었다. 문재인 대통령은 시정연설을 통해 '국가는 제대로 역할을 다 했는가', 그리고 '국가는 국민에게 어떤 존재인가'라는 화두를 던졌다. 그러면서 국가가 이제는 국민에게 책임을 다해 역할을 제대로 하겠다는 메시지를 암시했다. 그건 어떻게 보면 국민들이 촛불을 들고 이야기한 '이게 나라냐'라는 질문에 대한 근본적인 답을 주는, 굉장히 깊이 있는 연설이었다. 앞으로는 국가가 국민을 지켜주겠다고 전한 것이다.

촛불을 들었던 국민들은 과거 정권의 적폐를 제도적으로

마무리해줄 것을 요구하고 있다. 그래야 새 출발을 할 수 있다. 범죄를 처벌하지 않는다면 그것은 그 범죄에 동의하는 것이다. 국정원·검찰 개혁을 통해 권력기관이 대통령이 아닌 국민을 위해 일할 수 있는 틀을 만들어내야 한다.

현재 적폐 청산과 관련해 앞으로 여러 저항들이 비쳐진다. 살을 내주고 뼈를 취한다는 육참골단(肉斬骨斷)의 자세도 필요하지 않을까 생각한다. 내 것을 다 지키면서 적폐를 모두 청산하기는 쉽지 않을 것이다. 그런 것들을 결의 있게 했으면 좋겠다. 정부나 관련된 사람들은 늘 마침표를 찍고 싶어 한다. 앞서 이야기했듯이 마침표를 찍으려는 욕심을 버리고 물음의 정부가 되길 바란다. 국민들에게 많이 물었으면 한다. "지금 이렇습니다"라고 솔직하게 고백하고 "어떻게 하면 좋을까요?"라고 물어야 한다. 이제는 새로운 정보를 발 빠르게 접하는 스마트한 국민이 더 많아진 시대다. 이때 정부나 지도자의 역할은 좋은 질문을 하는 사람이다.

민주주의의 가장 핵심은 말과 글의 균형이다. 어떤 사람의 말과 글들이 어떤 계층의 말과 글들이, 어떤 세대의 말과 글들이 일방적으로 많아지면 안 된다. 그런데 지난 9년 동안 지난 정권에서 가장 민주주의를 해친 것 중 하나가 그 말과 글을 통제한 것이다.

2017년 3월 7일 서울시를 사직하고 문재인 대통령 후보 부대변인을 거쳐 민주연구원 부원장으로 당 생활을 했다. 그 덕분에 종편에도 출연해 나름 당정청의 '호위어(語)사'라는 영광스런 닉네임도 생겼다. 2017년 11월 4일 어사친(호위어사 김현성을 좋아하는 사람들) 첫 모임, 아직도 그때의 감동을 잊지 못한다. 어사친이 있기에 두렵지만 오늘도 용기를 낸다.

배가 항구에 있을 때 가장 안전하지만 그것이 존재의 이유는 아니다. 내 삶은 물음의 바다에서 풍랑을 견디며 답을 찾기 위해 항해하는 쪽배와 같다. 당장 내가 택한 길은 서민들의 팍팍하고 힘든 일상에 말로라도 위로와 힘이 되어 보자는 마음에 시작한 '호위어(語)사' 자임이다. 그 동안 불균형한 말과 글이 제왕적 대통령을 만들었고, 권력을 사유화해 민주주의와 헌법을 농단했다. 대한민국 불평등과 불공정도 말과 글의 불균형에서 비롯됐다. 우리 언론에서 상대적으로 찾아보기 힘들었던 진보의 말, 호남의 말, 40대의 말을 적극적으로 할 생각이다.

부 록 영남일보 칼럼

2017년 호위어사 11대 이슈

[3040칼럼]

위더십으로 불평등의 바다를 건너자

불평등의 '불', 불공정의 '불' 불안전의 '불', 불통의 '불' 등
국민 마음속 불을 끄려면 우리 모두를 위한 리더십
'위더십' 가진 지도자 필요

— 김현성 (디지털사회혁신연구소 소장)

2018년 무술년 황금개띠의 해 새해가 밝았다. 평창 동계올림픽이 열리는 해이자 대한민국 건국 100주년이 되는 해다. 지난해는 국민이 든 촛불이 세상을 밝혔다. 역사는 2017년을 민주주의를 농단하고 헌법을 유린한 대통령이 깨어있는 국민들에 의해서 너무나 평화롭고 정의로운 방법으로 탄핵된 해로 기록할 것이다.

국민들은 이렇게 역사에 기록되는 것이 올바름이라 생각했고 역사의 기록을 촛불을 들어 선택하고 써내려갔다. 회초리를 든 국민들의 마음이 편하기만 한 것은 아니다. 내내 '국가란 무엇인가'라는 영원한 물음을 유산처럼 전해줄 것이다.

대한민국은 큰불이 났다. 촛불은 꺼졌지만 국민 마음속에 '불'이 번져가고 있다. 불평등의 '불', 불공정의 '불', 불안전의 '불', 불통의 '불'이다. 불 끄는 정치가 필요함에도 정치는 불을 내고 있고 심지어 부채질까지 한다.

우리는 식민지통치, 남북분단, 6·25전쟁의 폐허의 잿더미에서 다시 일어나 50여 년의 짧은 기간 고도의 압축성장을 했다. 산업화와 민주화를 동시에 이뤄냈고, '한강의 기적'이라 불리며 다른 개발도상국의 모범적 발전모델이 됐다. 1995년 노벨경제학상 수상자인 시카고대 로버트 루카스 교수는 "어떤 국가에 '한국처럼 성장하라'고 하는 것은 젊은 농구선수에게 그저 '마이클 조단처럼 하면 된다'라고 충고하는 것과 비슷하다"는 말까지 했다.

그러나 이런 고속 압축성장으로 인한 양극화의 그늘은 깊고도 넓다. 불평등과 불공정은 사회 안정까지 위협하고 있다. 1997년 외환위기를 겨우 탈출했으나 2008년 금융위기에 다시 한 번 시련을 경험해야 했다. 정치는 저성장, 양극화, 높은 청년실업률, 저출산·고령화의 도전에 효과적인 해법을 내놓지 못하고 있다. 노벨경제학상을 받은 조셉 스티글리츠는 그의 저서 『불평등의 대가』에서 '불평등을 높이는 주요 요인은 세계화와 같은 통제할 수 없는 외부 상황이 아닌, 부자들에게만 유리한 게임의 규칙을 만들어내는 정치구조다. 1%의 운명도 궁극적으로는 나머지 99%가 어떻게 사느냐에 달려 있다. 교육, R&D, 인프라, 반독점 규제, 세제 개편, 기업지배구조 등을 통해서 시장의 실패를 보완하지 않으면 모두가 비싼 대가를 치르게 된다'고 밝혔다.

우리는 이것이 효율과 경쟁, 자본 중심의 성장만 중시한 뼈아픈 대가라는 것을 깨닫고 있다. 사람들은 우리의 과거와 현재를 성찰하기 시작했으며 대안을 찾고 있다. 이제는 성장의 신화에서 벗어나 사람중심, 삶의 질 중시로 탈바꿈 중이다. 경제의 룰이 바뀌고 있다. 일방적이고 대기업 중심의 양적인 성장이 아니라 사람중심의 소득 주도 지속가능한 성장, 이기적이고 파편화된 개인이 아니라 협력, 참여, 공유, 공존의 경제, 불평등, 불공정, 불균형을 개선해서 평등하고 공정하고 균형 잡힌 사회, 특정 세력이나 특권계층을 위한 경제에서 벗어나 소외되거나 배제되지 않는 우리 모두가 더불어 행복한 경제를 꿈꾼다.

이런 대전환의 풍랑을 헤쳐나갈 선장은 들어주는 사람이어야 하고 묻는 사람이어야 한다. 전지전능한 능력을 갖고 마침표를 찍으며 앞서가는 사람이 아닌, 우리 안에서 함께 해결해야 될 문제를 묻고 여러 사람들의 답을 잘 조율해야 한다. 우리를 위한 리더십 'Wedership(We+Leadership)'의 지도자가 필요하다. 디지털 기술혁신을 국민을 감시·감독하는 용도로 활용하기보다는 국민들의 의견을 조율하고 조정하는 플랫폼으로 활용할 수 있는 지혜도 필요하다. 문재인 정부는 역대 정부 중 국민에게 가장 많이 물은 정부, 국민과 가장 잘 연결된 대통령이 됐으면 한다.

김구 선생은 우두머리가 되기 위해 다투지 말고 발이 되기 위해 다투라는 '쟁두쟁족'을 이야기했다. 발이 되는 리더, 발로 뛰는 리더가 되어야 한다. 불은 발로 끄지 머리로 끌 수 없다. 새해엔 소통과 현장, 협치로 국민권력 시대를 열어갔으면 좋겠다.

[3040칼럼]

하나된 열정,
하나된 대한민국

평창올림픽 축제 앞두고 날 새는 줄 모르고 정쟁
우리끼리 제 얼굴 침 뱉기
비핵화·한반도 평화정착 이번 올림픽 잘 활용해야

— 김현성 (디지털사회혁신연구소 소장)

평창올림픽 개막일이 다가온다. 2011년 7월6일 밤 12시, 남아프리카공화국 더반에서 열린 123차 IOC총회에서 자크 로게 IOC 위원장이 "평창"을 호명했을 때 우리는 서로를 부둥켜안고 기뻐했다. 평창동계올림픽 유치는 10여년 동안 2번의 실패를 딛고 이뤄낸 끈기 있는 도전정신의 승리였으며, 대한민국의 저력을 세계에 보여준 쾌거였다.

김대중, 노무현 정부에서 씨를 뿌리기 시작한 동계올림픽 유치가 2번의 실패 끝에 이명박 정부에서 열매를 맺었다. 그야말로 국민승리의 날이었다. 여야, 보수, 진보를 뛰어넘는 국민통합의 상징 같은 사건이었다. 2011년 12월29일 국회 본회의에서 '2018 평창동계올림픽대회 및 장애인동계올림픽대회 지원 등에 관한 특별법'이 신속하게 여야 합의로 통과됐다.

이 법 83~85조는 '대회를 통한 남북 체육교류'를 명시하고 있다. 83조는 '국가 또는 지방자치단체가 대회를 통해 남북 화해와 한반도 평화 증진에 노력해야 한다'고 규정했고, 85조 2항에선 '국가 또는 지방자치단체는 남북 단일팀 구성 등에 합의가 이뤄지면 행정적·재정적 지원을 할 수 있다'고 밝혔다. 남북단일팀과 평창올림픽을 평화올림픽으로 만들겠다는 생각이 갑자기 하늘에서 뚝 떨어진 게 아니었다.

하지만 자유한국당은 자신들이 여당이던 시절 통과시킨 특별법이나 결의안과 달리 평창올림픽 남북 단일팀 구성, 한반도기 사용 등을 반대하고 있다. 자유한국당은 "문재인 정부는 평창동계올림픽을 자진 반납하고 평양올림픽을 공식 선언했다"(장제원 수석대변인)는 말까지 했다. 한걸음 더 나가 과거 언론을 통해 단일팀을 주장했던 나경원 자유한국당 의원은 최근 국제올림픽위원회에 '남북 단일팀 구성 반대' 서한을 보내 평창올림픽위원직 파면촉구 청원의 대상이 됐다.

평양올림픽을 이야기하는 사람들은 북한에서 오는 공연단으로 평창올림픽이 북한의 체제 선전장이 될 것이라고 했다. 과연 국민이 8일과 11일 있을 북한의 삼지연관현악단의 공연을 보고 들으면서 북한체제에 동경의 마음을 가질까? 국민을 너무 가볍게 봤든지, 국민을 정치공세의 도구로 봤든지 간에 지극히 냉전적이고 대결적 사고의 산물이다. 오히려 북한에서 오는 공연단과 응원단이 대한민국의 발전된 모습과 문화적 수준에 놀라지 않을까?

세계적 축제인 동계올림픽을 앞두고 손님을 맞이할 우리끼리 제 얼굴에 침 뱉는 일은 없어야 한다. 세계 유일의 분단국에 대한 국제사회의 배려로 천신만고 끝에 단일팀이 성사됐다. 남북단일팀은 평화를 지향하는 올림픽정신을 지켜내고자 하는 세계인의 염원이 담긴 결과다. 최소한 당사자인 우리가 훼방을 놓거나 쪽박을 깨서는 안 된다. 올림픽 기간엔 전쟁도 휴전한다. 그런데 우리는 올림픽을 앞두고 기다렸다는 듯이 여야 간 정쟁을 시작해 날 새는 줄 모르고 있다.

꽁꽁 얼어 붙었던 남북관계가 이제 조금 풀리고 있다. 이런 흐름을 올림픽 이후까지 이어가 북한과 미국을 6자 회담 테이블에 앉히고, 남북 간 이산상봉과 군사회담의 진전으로 이어가야 한다. 비핵화와 한반도 평화정착은 우리 모두가 지향하는 바다. 그러나 그 목적지까지 가는 길은 여러 가지 길이 있다. 서로 간의 차이를 인정하고 같은 점을 먼저 보면서 '접촉을 통한 변화'를 통해 뚜벅뚜벅 가야 그 목적지에 도달할 수 있다. 안보에 여야가 있을 수 없다. 오랜 불문율인 안보만큼은 초당적으로 힘을 합해야 한다. 이명박 정권과 박근혜 정권 9년 동안 남북관계는 멀어졌다. 이제 더 부지런히 가야 한다. 산을 만나면 길을 만들고, 강을 만나면 다리를 놓아야 한다.

[3040칼럼]

'다 그래'를 바꾸자

너무 당연시하고 일상화된 우리 안의 불의한 관행들이
활화산처럼 고발되고 있다.
개인의 자존 짓밟는 행위에 준엄한 경고와 엄한 징벌을

— 김현성 (디지털사회혁신연구소 소장)

평창올림픽이 끝났다. 남북한 선수 간 패스를 이어받은 미국에서 귀화한 희수 그린핀이 첫 골을 성공했을 때 평창 이후 남북관계도 평화롭게 풀리길 바랐다. 평창올림픽 전엔 생소했던 컬링 '갈릭소녀'들이 스톤을 던졌을 때 누군가의 부인이고, 여자친구일 수 있는 "영미야", "영미영미영미"를 목청껏 외치면서도 전혀 이상하다는 생각을 하지 않았다. 재밌고 유쾌했다. '아이언 맨' 윤성빈의 우승도 이승훈·이상화 선수의 역주도 우리 국민의 열정을 하나로 만들었고, 하나된 대한민국을 실감하게 만들어줬다. 선수들의 값진 승리와 감동적인 인간 드라마는 전 세계인을 흥분시켰다. 위대한 대한민국의 저력을 유감없이 보여준 선수들과 자원봉사자들, 남북의 응원단들 모두 자랑스럽다.

그러나 국민들은 이런 열정적 순간에도 냉정을 잃지 않았다. 여자 아이스하키팀 남북 단일팀이 발표됐을 때 불공정과 특혜를 이야기했던 분노의 목소리를 기억한다. 한체대 출신이 아니라는 이유로 따로 연습을 하고, 단결된 호흡이 중요한 팀 추월 경기를 한 번도 연습하지 않은 여자 팀추월팀은 여지없이 여론의 뭇매를 맞았다. 갑질한 대한체육회장과 국회의원들은 더 이상 관행이란 이유로 용납되지 않았다. 매스스타트 승리 후 이승훈 선수는 노선영 선수를 향해 "(한체대끼리 따로 연습을 한 것이) 상처라고 생각하지 못했다. 사과한다"고 했다. 더 이상 '다 그래'는 용납되지 않는다. 지금 우리는 '다 그래'라는 병과 힘겨운 싸움을 치르고 있다.

가해자로 지목된 사람들은 이해하기 힘들 것이다. 늘 해왔던 일이 왜 새삼 문제가 되는 것인지. 그런 점에서 스피드스케이팅 금메달리스트 이승훈 선수의 고백은 용기 있다. 상대에게 상처라고 생각하기 힘들 만큼 너무나 당연하고 일상화된 우리 안의 불공정하고 불의한 관행들이 개개인의 자존과 존엄이 중요한 시대와 만나면서 화산처럼 터지고 있다. '#MeToo(미투)' 운동도 마찬가지다. 사랑받던 배우가, 시인이, 연출가가 괴물이었다. 회초리 하나는 금방 부러지지만 여러 개의 회초리는 부러뜨리기 어려운 것처럼 한 사람의 고백은 흘려 들을 수 있지만 여러 사람이 함께하는 고백은 탈바꿈의 물줄기가 될 것이다. 20세기 초에 와서야 여성이 참정권을 얻은 것처럼 미투 운동은 '다 그래'로 병든 사회에 대한 준엄한 경고이자 새로운 사회의 정초를 다지는 시대정신이다.

문유석 판사는 지난달 30일 페이스북에 '미퍼스트(MeFirst)' 해시태그와 함께 "미투운동에 지지를 보내는 한 방법으로 이런 일이 벌어졌을 때 절대로 방관하지 않고 나부터 먼저 나서서 막겠다는 미퍼스트가 필요하다"며 "앞으로 더 노골적으로, 가혹하게, 선동적으로 가해자들을 제지하고 비난하고 왕따시키겠다"는 글을 올렸다. 미투운동이 피해여성을 넘어서 사회 전반의 부조리함과의 싸움이고, 성별을 떠난 사회운동임을 보여주는 사례다. 이번 기회에 권력관계 속에서 당연시된 개인의 자존과 존엄을 짓밟는 것에 대해 준엄한 경고를 보내자. 피해자가 2차 피해와 닥쳐올 보복이 두려워서 주저하는 '다 그래' 병을 치료해야 한다. 성희롱, 성폭력뿐 아니라 갑과 을 사이에서의 갑질문화도 우리 사회에 만연한 '다 그래' 병이다. 하도급문화로 인한 상하관계를 기반으로 한 불합리한 관행들도 청산해야 한다.

세상에 성희롱, 성폭력을 당하기 위해 태어난 사람은 없다. 세상에 자신을 '태움'으로써 자신의 존재를 보여줘야 되는 사람은 없다. '다 그래'는 없다. '다 그래'를 의심하는 것에서 '다 그래'와의 싸움은 시작된다. 안마를 관행이라 생각했던 한 유명 연출가, 노래방과 자신의 집에 학생을 불러서 입에 담지 못할 말을 하고 행동을 한 인기 배우, 상가(喪家)에서 동료 검사의 엉덩이를 만진 검사 모두가 중증 '다 그래' 병에 걸린 것이다. 새로운 사회는 '다 그래'와의 단절에서 온다. '다 그래'에 대한 문제 제기에서 온다. 미투, 미퍼스트 운동을 즉흥적이고 피상적으로 끝내서는 안 된다. 보다 깊고 넓은 문제 원인을 찾고 대책을 강구하며, 인간 존엄을 짓밟는 일에 대한 사회적 징벌을 엄하게 해야 한다.

1 문재인 정부 탄생에 기여, '더혁신'

문재인 대통령 후보 국민주권 선대위 공보단 부대변인 / 사회혁신위원회 부위원장

문재인 대통령(후보시절)으로부터 **부대변인 임명장**
& 더불어민주당 당대표로부터 받은 **1등공신 표창장**

2 민주연구원 최연소 부원장

더불어민주당 싱크탱크로 활약,
공공 문제 해결위한 솔루션 발굴 및 확산

더불어민주당 **민주연구원 명함**

③ 당정청 호위어사 자임

MBN, TV조선, 채널A, YTN TV
및 TBS, 평화방송 등 라디오 패널로 출연

④ 행정안전부, 사회혁신 민관협의회 디지털사회혁신분과 위원장 임명

⑤ 사회혁신 특강 진행 - 대구서구청, 산림청

서구청 산림청

⑥ 4차 산업혁명 & 플랫폼 민주주의 특강 - 광주광역시

광주광역시

제게는 그저 '조합장님'이었던, '아버지'가 '어색'했던 아버지.
시간이 지날수록 아버지를 깨닫고, 아버지 편이 되어갑니다.
그런 아버지 앞에서 진행한 4차산업혁명 특강.
아버지 덕분에 90분 강연을 마무리할 수 있었습니다.

7 #어사친(#호위어사 친구들) 결성

1차 서울모임, 2차 광주 송년모임 성황리 개최

8 더리더 12월 인터뷰

'물음의 리더십'론 제기. 디지털 사회혁신에 '답' 있다.

입법국정전문지

the Leader

출처 : 더리더

김현성 민주연구원 부원장, 디지털 사회혁신에 '답' 있다

"4차 산업혁명 시대, 디지털 기술로 공공의 문제 해결"

머니투데이 더리더 최정면 기자 | 입력 : 2017.12.01 13:16

▲김현성 민주연구원 부원장

김현성 민주연구원 부원장은 4차 산업혁명 시대의 기술변화는 단순히
니고 공공의 민생문제라 말한다. 교통, 환경, 복지 분야 등의 문제에 대
제해결 솔루션 마련의 필요성을 강조한다. 김 부원장은 박원순 서울시
관을 거치며 서울시 행정에 디지털 혁신을 접목시켰다. 보좌관 시절 그
시장실, 재정시계, 카카오페이, 카카오택시 등으로 현실화되기도 했다.
원 최연소 부원장으로 자리를 옮겼다. <더리더>는 김현성 민주연구원
에 대한 혜안을 들어봤다.

문재인 대통령의 PI에 대해 어떻게 평가하나

"문 대통령 같은 경우는 지금까지 찾기 어려운 스토리 리더십 타입
그래서 대통령의 활동, 말과 일정들 모두에 메시지가 담겨 있다.
는 의장대를 통해서 트럼프를 굉장히 왕처럼 대접했다. 독도새우
만찬에 초청해 우리 국민들이 느끼는 일본과 관련된 과거사 역사
기에서 시구할 때는 프로스펙스 운동화를 신었다. 박근혜 전 대통
구를 해 반일 논란을 일으킨 것과 대비되는 것이었다.
모든 리더의 행위는 해석된다고 본다. 그 사람이 신는 신발, 옷 등
다. 그러면 그 해석을 과연 국민들에게 어떻게 전달해야 할 것인
국민들에게 어떠한 리더의 모습으로 보이느냐에 따라 일종의 지
어도 대통령을 대통령답게 만들어서 결국은 그 힘으로 국정운영

9 동국대 핀테크 최고위 과정 책임교수

'새로운 연결, 다른 커뮤니케이션' 등 강연 활동

dongguk UNIVERSITY

10 더불어민주당 특보단 특보 임명

더불어민주당 추미애 대표로부터 임명받음

11 DJ 서거 20주년에 만난 친구들

김대중 전 대통령 옆에서 활짝 웃고 있는 친구,
20년만에 만나다.

출처 : 오마이뉴스

맺는 글

고맙습니다.

종편에 출연하면서 뜻하지 않게 많은 말을 하고, 글을 쓰게 됐습니다. '삶으로 증거하지 못하는 말과 글은 거짓이고 껍데기일 뿐이다'라는 생각을 했던 제게 이번 작업은 참 고통스럽고도 보람된 시간이었습니다.

고통스런 기억도 있었지만 모든 기억들은 제 성장에 역할을 해주었습니다. 하지만 순간순간의 삶에 충실한 나머지 살뜰하게 챙기지 못한 분들이 많았습니다. 그럼에도 불구하고 부족한 사람을 다독이면서 함께해주신 분들께 꼭 좋은 정치로 갚아가겠다고 다짐해봅니다.

특히, 병마와 싸우고 계신 여든의 아버님께 각별한 마음을 전합니다. 그 아버님을 간호하시는 어머님 또한 제게는 너무나 크고 감사한 분입니다. 그리고 또래와는 다른 꿈을 꾸는 나를 보고 결혼을 결심했지만 지금은 철없는 남편의 꿈을 부담스러워 하는 아내와, 금천이 고향인 애어른 장남 김강한(고 1), 무서운 중2병앓이 중인 차남 김강민(중 2), 막내이자 귀염둥이 김강수림(초 2)에게도 고맙다는 말을 전하고 싶습니다.

딸 수림이를 키우면서 '모든 딸들은 아버지의 희망이다'라는 평범한 진리를 깨달았습니다. 아내도 누군가의 딸이었겠거니 생각하니 새삼 장인어른과 장모님께 고마웠던 기억이 새롭습니다. 모두 건강하시길 빌면서 철없는 사위 잘 부탁드립니다.

2018년 3월
호위어사 김현성

72년생 김현성의 물음

초판 인쇄 2018년 3월 5일
초판 발행 2018년 3월 19일

지은이 김현성
펴낸이 김희연
펴낸곳 에이엠스토리(amStory)

편집 김승윤, 정지혜, 허윤선
원고정리 조은호
자료조사 심문석, 장연수, 윤지수
홍보·마케팅 서은희, 이정영
디자인 studio 213ho
인쇄 ㈜상지사P&B

출판 신고 2010년 1월 29일 제2011-000018호
주소 (04629) 서울특별시 중구 소파로 129(남산동 2가, 명지빌딩 신관 701호)
전화 (02) 779-6319
팩스 (02) 779-6317
전자우편 amstory11@naver.com
홈페이지 www.amstory.co.kr
ISBN 979-11-85469-11-9 (03300)